Y2 55085

Paris
1834

Lamotte-Fouqué, Friedrich de

Ondine

Conte

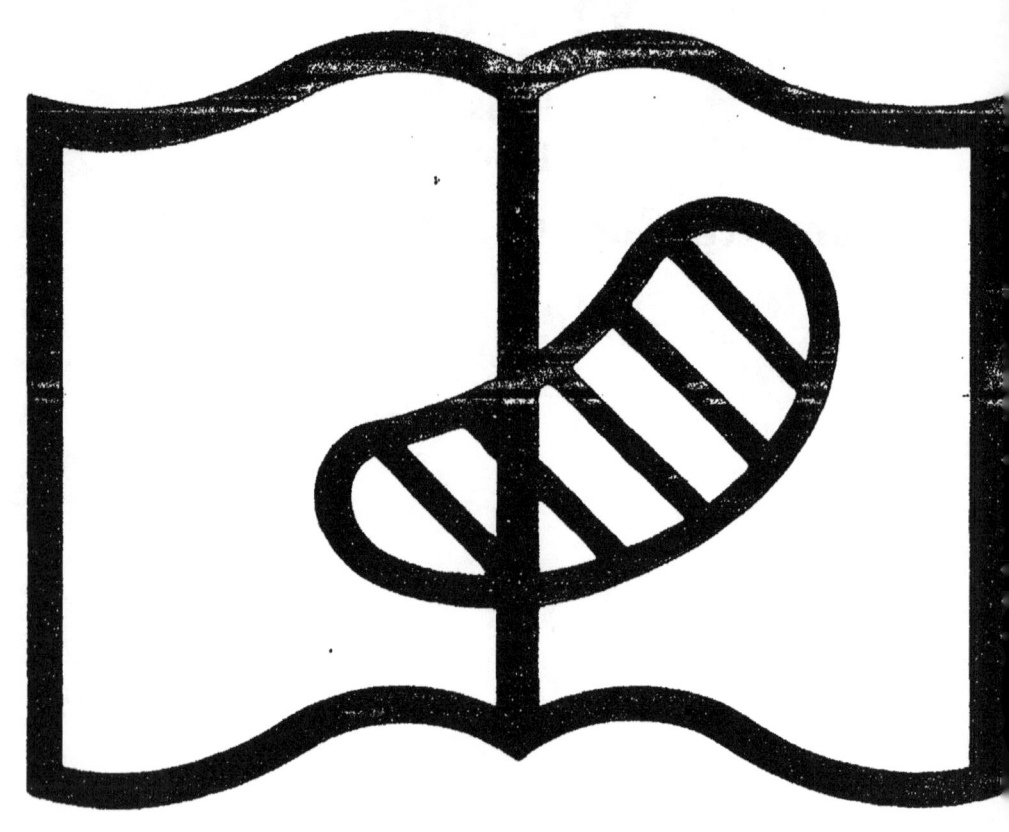

Symbole applicable
pour tout, ou partie
des documents microfilmés

Original illisible

NF Z 43-120-10

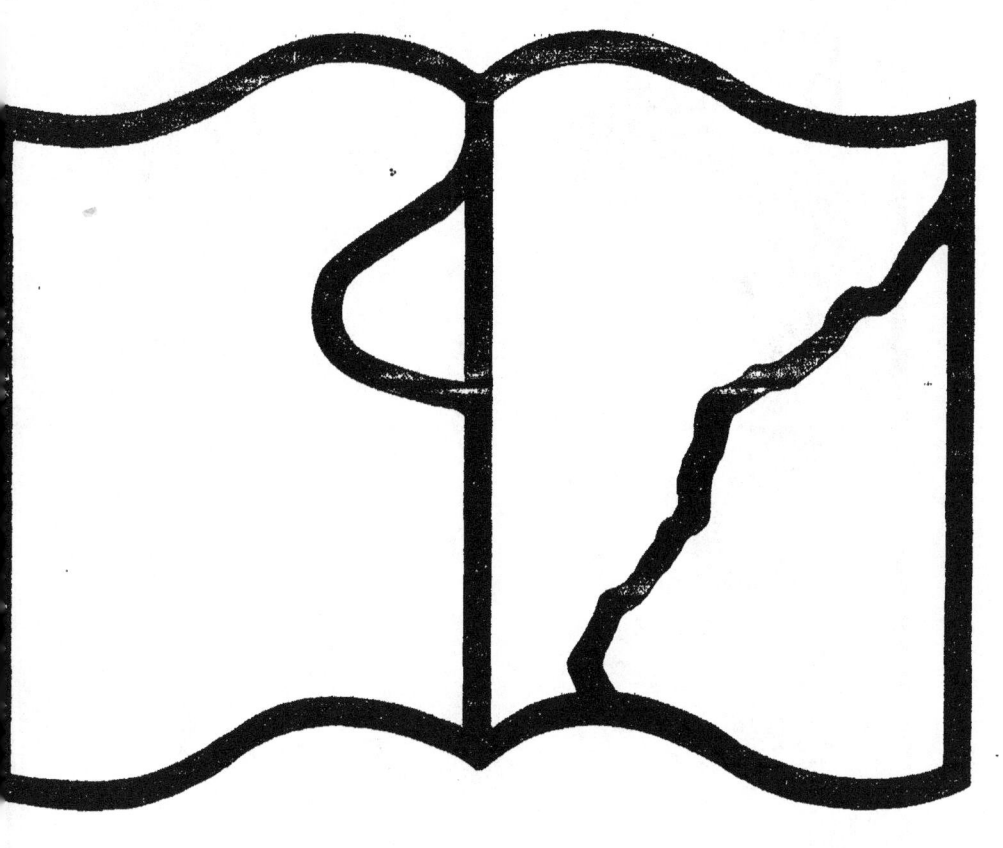

Symbole applicable
pour tout, ou partie
des documents microfilmés

Texte détérioré — reliure défectueuse

NF Z 43-120-11

ONDINE,

CONTE.

Traduit de l'allemand de *Mr. de La Motte Fouqué*

PAR Mme LA BARONNE

ISABELLE DE MONTOLIEU.

NOUVELLE ÉDITION ORNÉE DE FIGURES.

PARIS,

ARTHUS BERTRAND, LIBRAIRE,

Rue Hautefeuille, n.º 23.

ŒUVRES
DE Mme LA BARONNE ISABELLE
DE MONTOLIEU.
TOME XVII.

EN VENTE.

Œuvres de Madame de Montolieu :

19ᵉ LIVRAISON. — *Amabel*, ou Mémoires d'une jeune Femme de qualité, traduit de l'anglais de madame Elisa Hervey; 5 vol. in-12, avec de jolies figures, 15 fr.

Sous presse :

20ᵉ LIVRAISON. { Collection de Nouvelles. Tomes 9 et 10. Tome 9. Contenant *Exaltation et Piété*. Cinq Nouvelles : Philosophie et Religion, Anecdote sur David Hume, l'Historien. — Le Jeune Quaker, anecdote sur Guillaume Penn. — Les Souvenirs d'Elise, ou la Jeune Morave. — La veille de Noël, ou la Conversion ; imité de l'allemand. — Le Monastère de saint Joseph, imité de Goëthe, 1 vol. in-12, fig., 3 fr.
Tome 10. Contenant la *Rencontre au Garigliano*, ou les Quatre Femmes ; traduit de l'allemand de Basile Ramdohr, 1 vol. in-12, figure, 3 fr. }

Autres Ouvrages de Madame DE MONTOLIEU, *dont il reste un petit nombre d'exemplaires non réimprimés.*

Constantin, ou le Muet supposé, nouvelle imitée de l'allemand de M. Krusse ; 1 vol. in-12, figure, 3 fr.

Aristomène, traduit de l'allemand d'Auguste Lafontaine ; 2 vol. in-12, 6 fr.

Falkenberg, ou l'Oncle, imité de l'allemand de madame Pichler ; 2 vol. in-12, figures, 6 fr.

Les Chevaliers de la Cuillère, ou le Château de Mont-Richer, suivi du Château des Clefs et la Superstition, et de Lisély, nouvelle suisse, traduite de l'allemand de Henri Clauren ; 1 vol. in-12, figure, 3 fr.

Vingt-et-Un Ans, ou le Prisonnier, traduit librement de l'allemand de madame de Lamotte-Fouqué ; 1 vol. in-12, figure, 3 fr.

La Rose de Jéricho, imitée de l'allemand, avec la figure coloriée ; 1 vol. in-12, 3 fr.

Voyage en Allemagne, dans le Tyrol et en Italie, par madame de La Recke, née comtesse de Médem ; traduit de l'allemand ; 4 vol. in-8°. 20 fr.

ORLÉANS, IMPRIMERIE DE DANICOURT-HUET.

Ondine.

On crut d'abord que c'était un jet d'eau, mais bientôt on distingua une figure de femme voilée.

ONDINE,

CONTE,

Traduit de l'allemand de M. de Lamotte-Fouqué,

PAR MADAME LA BARONNE
ISABELLE DE MONTOLIEU.

NOUVELLE ÉDITION, ORNÉE DE FIGURE.

> Si Peau-d'Ane m'était conté,
> J'y prendrais un plaisir extrême.
> Le monde est vieux, dit-on ; je le crois : cependant
> Il le faut amuser encor comme un enfant.
> LA FONTAINE.

PARIS.
ARTHUS BERTRAND, LIBRAIRE,
RUE HAUTEFEUILLE, N° 23,
ÉDITEUR DU VOYAGE AUTOUR DU MONDE PAR LE CAPITAINE DUPERREY.

1834.

dance que j'ai eue à ce sujet offrirait plus d'intérêt, et répondrait justement au but.

A Mme la Vsse de Montolieu.

MADAME,

A mon arrivée en Allemagne, toutes les personnes à qui je parlai de la littérature allemande, sans en excepter une seule, me demandèrent si je connaissais *Ondine*; toutes me témoignèrent leur étonnement de ce que je n'avais pas lu ce charmant ouvrage, et me supplièrent de le lire. J'étais trop occupé de travaux sérieux pour donner même quelques instans à la lecture d'un roman. Enfin une jeune personne, belle, aimable et spirituelle,

me donna l'ouvrage, en exigeant que je
le lusse. Peu d'heures après, je courus la remercier des momens délicieux
que son livre venait de me faire passer.
Elle me conjura de le traduire : malgré l'éloquence de ses beaux yeux et
de son charmant sourire, je n'osai pas
céder à ses instances.

Ondine est un ouvrage délicat, plein
de ces grâces que les Grâces seules
peuvent reproduire dans une langue
étrangère; c'est donc naturellement à
vous, Madame, qu'il appartient de faire
connaître *Ondine* au public français,
parce que vous lui conserverez son charme, ce charme indéfinissable comme
cette fleur d'innocence qui embellit la
beauté même. Vous jugerez vous-même,
Madame, combien cet ouvrage est digne de vous; il a cette fraîcheur et cet
air aimable de jeunesse qui annoncent
un auteur dont l'âme virginale aime les
sentimens naïfs qui nous reportent aux
premiers âges du monde, et se plait à

vivre au milieu des fictions qui charment les peuples enfans. Une imagination riante et féconde a répandu des fleurs nouvelles et des grâces piquantes sur une fable dont l'originalité sait à la fois exciter la curiosité et la satisfaire ; elle a créé un pays enchanté que l'on ne connaissait pas encore, et des êtres merveilleux dont les figures nous étaient également inconnues. Je ne crois pas que l'on puisse trouver rien de plus frais et de plus gracieux que les descriptions de ces lieux fantastiques où l'on voit figurer des personnages que l'on est forcé d'aimer. Je ne doute pas, Madame, que ces tableaux, copiés fidèlement par une main aussi habile que la vôtre, ne puissent plaire en France. Le conte d'*Ondine* est trop joli pour n'être pas apprécié partout, et le succès qu'il a obtenu en Allemagne est trop général et trop soutenu pour n'être pas mérité. Ce serait donc un véritable service que vous rendriez aux Français, si vous vouliez leur faire connaître une production d'un homme d'esprit, leur compatriote par sa naissance. Les lecteurs capables d'apprécier *Ondine* seront d'autant plus agréablement surpris qu'ils croiront lire un conte ordinaire ou une espèce de petit roman, et qu'ils trouveront, au contraire, un ouvrage tout rempli de poésie, si l'on fait consister la poésie moins dans les vers, qui sont seulement sa forme naturelle, que dans des pensées, des sentimens et des images d'un ordre plus élevé que les images, les sentimens et les pensées ordinaires.

Je ne saurais dissimuler que la traduction d'*Ondine* présente des difficultés. La langue allemande et la française sont si différentes, leur génie si opposé, qu'il est souvent impossible de rendre fidèlement en français les pensées d'un auteur allemand, quoiqu'elles n'aient rien d'obscur en elles-mêmes. La difficulté augmente encore lorsque, comme le baron de Lamotte-Fouqué, un auteur sait reproduire, non-seulement par la couleur de ses idées, mais même par celle de son style et dans ses locutions, les temps anciens qui lui ont fourni le sujet de son livre. Le style de Lamotte-Fouqué porte le cachet des siècles merveilleux de la chevalerie, en sorte que l'on ne sait trop comment il se fait que l'on reconnaisse la voix des siècles depuis long-temps écoulés, dans le langage délicat et châtié d'un homme de nos jours. Sera-t-il possible de reproduire en français, dans chaque phrase et dans le tour que prend chaque pensée, cet air antique et national qui donne une couleur si fidèle aux mœurs, aux idées et aux actions des chevaliers allemands et de leurs contemporains ?

Il se présente une autre difficulté : le public français aimera-t-il le merveilleux d'*Ondine ?* Les progrès de la philosophie, les intérêts de la politique, la succession rapide de tant d'événemens trop réels, ont éteint le goût des merveilles; on est désabusé de tout; et un peuple blasé n'est plus capable de se plaire aux fictions.

> Oh! l'heureux temps que celui de ces fables,
> Des bons démons, des esprits familiers,
> Des farfadets, aux mortels secourables!
> On écoutait tous ces faits admirables
> Dans son château, près d'un large foyer;
> Le père et l'oncle, et la mère et la fille,
> Et les voisins et toute la famille,
> Ouvraient l'oreille à monsieur l'aumônier,
> Qui leur faisait des contes de sorcier.
> On a banni les démons et les fées;
> Sous la raison les grâces étouffées
> Livrent nos cœurs à l'insipidité;
> Le raisonner tristement s'accrédite;
> On court, hélas! après la vérité:
> Ah! croyez-moi, l'erreur a son mérite.
>
> VOLTAIRE.

La nouveauté du merveilleux créé par Lamotte-Fouqué donnera peut-être à ses fictions un mérite que le merveilleux n'a plus aux yeux des lecteurs français; peut-être son charme, jusqu'à présent inconnu, saura captiver les esprits rebelles, et leur plaire comme les illusions d'un songe agréable. J'ose l'espérer, et j'ose même le prédire, si vous consentez, Madame, à être l'enchanteresse qui opérera ce miracle.

J'ai l'honneur d'être, avec un profond respect,

Madame,

Votre très-humble et très-obéissant serviteur,

MONNARD.

A M. Monnard.

Monsieur,

J'aurais bien des choses à vous dire sur la lettre trop obligeante que vous avez bien voulu joindre à l'envoi du joli conte de M. de Lamotte-Fouqué. Vous ignoriez, peut-être, que vous l'adressiez à une bonne grand'mère de passé soixante ans, et que s'il est vrai qu'un public trop indulgent a bien voulu trouver autrefois quelque grâce et quelque fraîcheur dans mon style, il est plus vrai encore que je ne dois plus y prétendre, et que le règne de *l'enchanteresse* (comme vous me nommez en plaisantant) est fini depuis long-temps. Je sens que, d'après cette conviction, je devrais cesser d'écrire ; mais j'en ai l'habitude, et c'est à la fois une occupation et un délassement agréable, auxquels je me laisse entraîner. J'ai donc suivi votre conseil, et je traduis votre *Ondine*, mais avec une difficulté qui s'augmente à chaque page, et qui m'a fait repentir plus d'une fois de l'avoir entrepris. Ah! qu'elle avait bien raison, cette charmante jeune personne, que j'ai reconnue d'abord, au portrait que vous en tracez, pour celle qui a depuis acquis le droit de tout obtenir de son heureux époux*, qu'elle avait bien raison de lui demander de traduire *Ondine!* L'auteur et les lecteurs français auront à se plaindre à la fois, et de votre refus, et de ce que vous avez eu l'idée de me confier ce travail. Je comprends qu'il ne devait pas interrompre des occupations plus utiles, et que vous avez pensé qu'un petit conte était du domaine d'une femme ; mais cette femme est âgée, sait très-imparfaitement l'allemand, et je crois que vous auriez mille fois mieux réussi qu'elle à faire goûter ce charmant ouvrage aux lecteurs français. Un professeur de vingt-cinq ans, plein d'âme et de feu, sachant également bien la langue qu'il traduit et

---

* M. Monnard, qui vient d'être nommé à la chaire de professeur de littérature à l'académie de Lausanne, a obtenu aussi la plus douce récompense de son mérite et de ses talens, le cœur et la main de Mlle de Scheibler, de Francfort.

celle qu'il écrit, heureux époux d'une femme qui n'a pas besoin d'être un génie élémentaire pour inspirer celui qui trace à côté d'elle l'histoire et le portrait d'un être adorable, ne pouvait, et j'en suis convaincue, manquer de réussir. Pour mon compte, je regrette beaucoup de ne pouvoir lire *Ondine* traduite par vous; j'aurais sans doute mieux senti ce *charme* dont tous les Allemands me parlent sans cesse, et dont j'avoue que je n'ai pas été frappée. Peut-être dois-je l'attribuer à mon ignorance du génie de la langue allemande, où je ne suis encore qu'une écolière; sans doute aussi à ce genre de merveilleux que je n'ai aimé que dans mon enfance, et qui m'a paru, depuis, nuire essentiellement à l'intérêt d'un ouvrage.

Rien n'est beau que le vrai, le vrai seul est aimable.

Un conte peut sans doute renfermer de grandes et belles vérités; mais celui-ci me semble être seulement le jeu d'une imagination brillante, il est vrai, et qui excite la curiosité. J'avouerai cependant que, malgré le merveilleux, il y a assez d'intérêt. J'ai prêté ma traduction à quelques-unes de mes amies; presque toutes m'ont dit en me la rendant : « Je n'aime pas ce genre, mais je n'ai pu quitter cette lecture; elle m'a entraînée en dépit de mon goût. » Cela tient, sans doute, à l'heureux développement de l'âme et du beau caractère de la jeune Ondine. On l'aime tendrement, on partage ses sentimens, ses peines serrent le cœur; cette innocence, cette simplicité si touchante attachent le lecteur, et je voudrais bien en conserver la belle empreinte.

Mais de la palette savante *
Où Rubens mêlait ses couleurs,
Toujours le burin des graveurs
Ternit la fraîcheur éclatante,

* Ces vers, trop médiocres pour être cités de nouveau, se trouvent déjà dans la préface

> Et c'est le sort des traducteurs.
> On sent ces grâces fugitives
> Dont le génie a le secret ;
> Fines, touchantes ou naïves,
> Il les indique d'un seul trait ;
> Mais leur charme tient du prestige ;
> On n'en saisit jamais l'esprit :
> C'est la rose qui se flétrit
> Dès qu'on la dérobe à sa tige ;
> Et si de ces traits enchanteurs,
> Sous la main des imitateurs,
> On retrouve encor quelques traces,
> C'est qu'il reste un parfum de fleurs
> Partout où passèrent les Grâces.

J'aimerais fort avoir conservé à votre *Ondine* assez de ce doux parfum pour qu'elle fît la conquête des Français comme elle a fait celle des Allemands ; mais je n'ose l'espérer. Comme vous le dites très-bien, et comme Voltaire l'a dit avant nous dans les vers charmans

de *la Sylphide*, une de mes Nouvelles, traduite de l'anglais de Mme la duchesse de Devonshire ; mais ils y ont été changés et dénaturés, et l'à-propos me les ayant rappelés, je n'ai pas été fâchée d'avoir une occasion de les donner tels qu'ils ont été faits.

que vous citez, le goût du merveilleux est totalement passé de mode en France : peut-être suffirait-il de ce mot tout-puissant sur les Français, *la mode*, pour en donner l'explication. Je crois cependant, comme vous, que les grands événemens et la politique y ont bien autant contribué : on n'a plus besoin de chercher dans des contes des événemens hors de toute vraisemblance ; on les trouve dans l'histoire de ce siècle, réchauffés de l'éclat de la vérité. Les romans même n'ont plus de vogue ; à peine ose-t-on avouer qu'on en lit, et il y a une sorte de ridicule à en écrire. Nous irions trop loin si nous voulions rechercher si l'on a tort ou raison, et si un roman bien écrit, bien intéressant, qui, loin de blesser la morale, en réveille les principes, qui présente la vertu sous des couleurs aimables, et rend le vice odieux, est une lecture plus dangereuse que bien d'autres.... Il ne s'agit pas ici de roman ; *Ondine* n'en est pas un : c'est plutôt, comme vous le dites très-bien, une espèce de petit poëme qui nous présente des êtres dont nous n'avions nulle idée, et dont la singularité peut exciter la curiosité : il donnera aux Français l'idée d'un genre qui leur est inconnu, et, sans aucun doute, le plaisir de critiquer le genre allemand, et ce vague, cet enthousiasme qu'ils ne peuvent pas comprendre. J'ai vu le temps où les Français aimaient assez les contes. Ceux de Voltaire, *la Reine fantasque* de J.-J. Rousseau, *Acajou et Zirphile*, d'autres plus modernes encore, dont les noms et les auteurs ont échappé à ma mémoire; mon conte d'*Ulna, ou les Talismans* même, tous ont eu tour à tour plus ou moins de succès; mais tous ont trouvé des lecteurs et des amateurs. *Ondine* en trouvera peut-être aussi; je ne crois pas du moins qu'elle ennuie, et c'est là le plus grand des torts.

Tous les genres sont bons, hors le genre ennuyeux.

Le reproche le plus juste que l'on pourra faire à ce petit ouvrage, ce sera de n'avoir aucun but marqué. Un conte doit être moral, ou critique, ou allégorique, et je n'ai rien trouvé de pareil dans celui de M. de Lamotte-Fouqué. Peut-être que je me trompe, et que je n'ai pas su le découvrir. Ayez la bonté, dans ce cas-là, de m'éclairer, Monsieur; de me dire quel peut avoir été le but de l'auteur dans cette singulière production, et de me donner en même temps quelques détails sur lui et sur ses ouvrages, qui ont tous, me dit-on, le caractère d'originalité tudesque. Certes, ce baron n'a de français que son nom, et il est devenu allemand de bien bonne foi.

Pardon, Monsieur, de la nouvelle occupation que je vous demande, sans aucun droit pour l'obtenir; mais vous avez désiré que je traduisisse *Ondine*, c'était me promettre de vous y intéresser, de me dire avec franchise si son cos-

tume français ne la défigure pas trop ;
et si j'ose présenter aux Parisiens cette
jeune étrangère, elle ne se mettra en
route qu'avec votre approbation et sous
vos auspices.

Recevez, Monsieur, pour elle et
pour moi, l'assurance de toute la reconnaissance de V. T. S.,

Isabelle DE MONTOLIEU.

A Mme la Vbme de Montolieu.

MADAME,

Le baron de Lamotte-Fouqué, ma-
jor au service de Prusse et chevalier
de Saint-Jean, appartient à une famille française établie en Allemagne
depuis trois générations. Il est petit-
fils du célèbre général prussien du même
nom, qui fut ami du grand Frédéric.

Comme d'autres poëtes modernes et anciens, il a conquis des lauriers immortels avec son épée et sa lyre. Quoique son nom soit resté français, la tournure de son esprit et de ses sentimens lui ont assuré une place parmi les bardes modernes dont l'Allemagne est si fière. Dans sa jeunesse il fit une campagne avec son malheureux ami Henri de Kleist, et servit avec distinction dans la cavalerie prussienne, en qualité de lieutenant. La campagne étant finie, il se retira dans une terre, où il vécut paisiblement, partageant ses loisirs entre l'amitié, l'amour et les muses, jusqu'au moment où le roi appela tous ses sujets aux armes. Il servit contre la France, dans les volontaires, avec le grade de lieutenant; puis avec le grade de capitaine, dans le régiment des cuirassiers de Brandebourg. Il composa dans les camps plusieurs chansons nationales et guerrières. A la bataille de Lutzen, il eut un cheval tué sous lui, et il se trouva ensuite à toutes les affaires importantes. Après avoir fait une maladie, il prit part à la bataille de Leipsik et à toutes celles qui se donnèrent jusqu'au Rhin. Les suites de ses fatigues corporelles le forcèrent à demander son congé et à se retirer dans sa terre.

Il se fit d'abord connaître comme poète sous le nom de *Pellegrin*, et ses premiers ouvrages se rapprochent du génie de la poésie espagnole. Il dit lui-même devoir à son ami Auguste Schlegel la direction que prit son talent poétique : c'est aussi à ce poète célèbre qu'il dédia ses premiers poëmes dramatiques, dans lesquels on retrouve la délicatesse de sentiment, le ton et les couleurs de la poésie du Midi. On lui doit aussi la traduction d'une tragédie de Cervantes (*Numancia*). A peu près dans le temps où il fit paraître ces ouvrages, c'est-à-dire vers 1805, il publia aussi *Alwin*, roman en deux parties, que Jean Paul appelle une brillante aurore ; l'*His-*

toire du noble chevalier *Galmy* et d'une belle duchesse de *Bretagne* ; des ouvrages dramatiques, et un prologue pour la cérémonie funèbre de Schiller (il fit ce prologue en commun avec une dame d'un talent distingué).

Cependant le caractère de son talent semblait le porter plus naturellement vers les traditions de la mythologie du Nord et vers l'imitation de la poésie des anciens Allemands. Il y trouva une source féconde de fictions et de poésie, et c'est là que son talent s'est montré dans toute sa force et dans toute son originalité. La tradition scandinave du chant des *Nibelungen* lui fournit le sujet d'un poème dramatique en trois parties, intitulé *le Héros du Nord*. La famille des *Nibelungen* joue, comme l'on sait, dans l'histoire héroïque du Nord, le même rôle que la famille des Laïus dans l'histoire héroïque de la Grèce. Dans la première partie de ce poème rempli de merveilles, Sigourd, roi des Pays-Bas, tue un ennemi qui, changé en dragon, veille auprès de ses trésors. Il pénètre dans un château dont l'entrée est défendue par des flammes, et il enlève la tytanide Brynhildis pour l'épouser. Une prophétie lui promet deux femmes, et lui annonce une mort prématurée. La reine Brynhildis lui fait oublier son amour au moyen d'un breuvage enchanté, et lui donne en mariage sa fille Gudruna, parce qu'elle destine Brynhildis à son fils Gunnar. Gunnard ne pouvant pas pénétrer lui-même dans le château entouré de flammes, engage Sigourd à y pénétrer à sa place, en prenant sa figure, et à enlever pour lui la belle Brynhildis, ce que Sigourd exécute. Mais l'effet du breuvage enchanté ayant cessé, il se rappelle son ancien amour, et confie à sa femme que c'est lui qui, sous la figure de Gunnard, a enlevé Brynhildis. Gudruna en instruit celle-ci, qui, irritée, engage un frère de Gunnard à assassiner Sigourd pendant son sommeil.

Les meurtriers meurent à leur tour, et toute la maison des Nibelungen marche vers sa ruine. — Tel est, en abrégé, le sujet de la première partie du poème; les deux autres renferment l'histoire de la ruine de cette famille criminelle et infortunée. Lamotte-Fouqué a fait quelques tragédies: *Alboin, roi des Lombards; Emma et Eginard*. Le choix de ce dernier sujet est malheureux. L'amour de la fille de Charlemagne est un charmant sujet pour une romance ou un petit poème, mais ne peut nullement remplir le cadre d'un assez long drame. Aussi M. de Lamotte-Fouqué, qui a montré dans le choix de son cadre moins de discernement que MM. Lorrando et (voyez *Almanach des Muses*) Millevoye, s'est vu obligé d'allonger sa fable en inventant des personnages et des scènes qui ne s'y rattachent pas.

Je ne puis rien vous dire, Madame, d'une tragédie nouvelle, *le Pélerinage*, publiée seulement à la fin de l'année dernière ; quoique je la possède, mes occupations ne m'ont pas permis jusqu'à présent de la lire. — Dans un roman de chevalerie où il y a du merveilleux, *l'Anneau magique*, l'auteur a su tisser une fable à la manière de l'Arioste, ce qui en rend l'analyse impossible. Les mœurs, les idées, les sentimens, les couleurs du Nord et du Midi, y sont agréablement contrastés et nuancés; les personnages de ce roman, en conservant toute l'individualité nécessaire pour les rendre intéressans, nous offrent des caractères généraux bien dessinés. — On ne peut qu'indiquer quelques ouvrages périodiques de l'auteur, tels que *les Muses*, l'*Almanach des traditions et des légendes*, l'*Almanach des Dames*. Dans ces recueils publiés par M. de Lamotte-Fouqué, et dans une foule d'autres dont il n'est pas l'éditeur, on trouve un très-grand nombre de contes et de fictions sortis de sa plume; et, malgré leur nombre, on y reconnaît presque toujours le cachet du talent original de l'auteur. — *Ondine* fait partie d'un recueil de quatre contes intitulés *les Saisons*, et en est le premier cahier, celui du printemps. Ces quatre contes ont quelque chose de très-remarquable. L'auteur a su peindre dans chacun d'eux la saison dont il est pour ainsi dire l'emblême. Descriptions, scènes, fables, caractères, mœurs, personnages, tout est assorti à la saison que l'auteur peint. Il a voulu en même temps nous donner un symbole de la succession des différens âges de l'homme, ainsi que des mœurs et des idées dominantes dans les différens âges de la civilisation. En 1815, M. de Lamotte-Fouqué publia une épopée romantique (*Corona*) en trois livres, dont chacun est composé de douze chants. Elle est écrite en octaves, et se rapproche, pour le genre, de la poésie méridionale, et, pour la forme, du poème de l'Arioste. — Un reman qui a paru en 1816, sous le titre

d'*Amour d'un Troubadour* (Sangerliebe),
est fondé sur une tradition provençale
dont le sujet est fort intéressant : c'est
l'amour d'un troubadour pour une belle
dame, amour si pur, que le troubadour ne veut qu'aimer la dame, et demande, pour unique prix de sa tendresse
et de sa constance, d'obtenir d'elle, de
loin à loin, quelques regards bienveil-
lans. Il semble que sa passion trouve
en elle-même sa récompense, et que son
principe soit en même temps son but.
Cependant le troubadour entreprend pour
sa dame toutes sortes de travaux péril-
leux, sources de beaucoup d'aventures,
et il finit même par sacrifier sa vie à
celle qu'il aime. La dame de ses pensées a un enfant malade, et le troubadour, pour obtenir sa guérison, fait vœu
de monter au sommet d'une montagne
merveilleuse, où l'on ne peut parvenir
qu'au péril de sa vie. Le troubadour
accomplit son vœu ; ce dévouement devient la cause de sa mort, et rend la

vie à l'enfant de sa dame. — A la fin de 1816, un ami de M. Lamotte-Fouqué, M. François Horn, avantageusement connu par plusieurs traductions agréables, publia un nouveau poème héroïque que son ami lui avait confié, sur *la naissance et la jeunesse de Charlemagne*. L'éditeur place cet ouvrage sur la même ligne que *le Héros du Nord*, *l'Anneau magique* et *Ondine*.

J'aurais désiré, Madame, pouvoir vous donner une notice plus intéressante et plus détaillée sur les ouvrages de l'auteur d'*Ondine*; mais, comme je ne les ai pas tous dans ma bibliothèque, ni à ma disposition, j'ai pensé qu'il valait mieux n'en analyser aucun en détail.

Le sentiment religieux, une noblesse d'âme chevaleresque, une galanterie délicate, un sens exquis pour tout ce qui est vraiment poétique, forment les principaux caractères de l'esprit du baron de Lamotte-Fouqué. « La pureté du « sentiment religieux, dit un critique

« allemand, le place à côté de Klop-
« stock; son génie vaste et profond, la
« vigueur de son esprit, et son habileté
« à peindre avec la même vérité les an-
« tiques merveilles des contrées glaciales
« et les scènes grâcieuses des pays mé-
« ridionaux, lui assurent un rang ho-
« norable parmi les poètes les plus di-
« stingués. »

Il ne me reste qu'à ajouter un mot touchant le merveilleux de M. Lamotte-Fouqué. Cet auteur a créé un merveilleux analogue au temps où vivaient les héros dont il chante l'amour et la gloire. Ce merveilleux a souvent, comme dans l'*Anneau magique* et dans *Ondine*, quelque chose de vague; les formes sous lesquelles il se montre sont indéterminées, à peu près comme l'on peint des figures aériennes, dont une partie du corps se confond avec les nuages. Vous croyez les saisir, et elles vous échappent; ce qu'elles ont de surnaturel est quelque chose de si léger, de si vaporeux, qu'il est difficile de découvrir en quoi il consiste. Ces formes indécises peuvent plaire aux Allemands; ils aiment assez le vague en littérature, et il faut convenir que ce vague a meilleure grâce dans la littérature allemande que dans toute autre. L'esprit d'une nation et le caractère de ses idées se peignent dans sa langue : or, la langue allemande excelle à rendre ces sentimens et ces émotions vagues et mystérieuses que la nature nous donne quelquefois, et ces idées que l'on sent, pour ainsi dire, mieux qu'on ne peut en rendre compte. La langue française, au contraire, est précise, positive; elle ne peut exprimer que des idées dont les contours sont bien tracés, et des sentimens dont l'analyse est facile : c'est pour cela que la littérature et le goût français rejettent le vague que la littérature et le goût des Allemands ne réprouvent pas.

La carrière littéraire de M. de Lamotte-Fouqué est sans doute bien loin d'être terminée ; cet auteur si fécond n'est encore que dans sa quarantième année (il est né en 1777). Espérons que l'auteur d'*Ondine* fera encore long-temps les délices de l'Allemagne, comme vous, Madame, charmerez encore long-temps la France par vos écrits.

J'ai l'honneur d'être avec le plus profond respect,

Madame,

Votre très-humble et très-obéissant serviteur,

MONNARD.

ONDINE,

CONTE.

ONDINE,
CONTE.

CHAPITRE PREMIER.

Arrivée du Chevalier chez le pêcheur.

Il y avait une fois en Allemagne un bon vieillard connu sous le nom du vieux Ulrich le pêcheur; il était marié depuis bien long-temps, et sa bonne compagne se nommait Marthe. Ulrich gagnait sa vie en pêchant, dans un lac qui touchait à sa cabane, des poissons qu'il allait vendre dans une ville impériale peu distante de sa demeure, et il en rapportait ce qui était nécessaire pour l'entretien de son modeste ménage. Ils habitaient une petite contrée délicieuse : c'était une presqu'île formée par une langue de terre qui s'étendait au loin dans un grand lac, et qui était couverte de frais gazons et de quelques beaux arbres. On aurait dit que l'eau et la terre s'étaient parées pour se visiter mutuellement. Cette jolie prairie, émaillée de fleurs, semblait s'étaler avec plaisir au milieu des flots azurés, qui paraissaient à leur tour l'enlacer avec délice. Quant à des créatures humaines, il n'y en avait point d'autres, dans cette charmante presqu'île, que la famille du pêcheur, dont la chaumière était placée au milieu de la prairie, sous les arbres qui l'ombrageaient. Derrière le promontoire s'étendait une grande forêt très-touffue et sauvage; elle inspirait trop de terreur pour qu'on osât la traverser sans la plus absolue nécessité. Cette terreur était fondée non-seulement sur l'obscurité qui y régnait, sur les chemins dégradés et dangereux, mais aussi sur ce qu'on prétendait qu'elle était remplie d'esprits bizarres et malfaisans, qui se faisaient un jeu d'effrayer les gens assez téméraires pour y passer. Le pieux Ulrich cependant la traversait souvent sans encombre, lorsqu'il allait vendre ses poissons à la ville, située de l'autre côté de la forêt. Il n'éprouvait aucune frayeur en faisant ce trajet, parce que son cœur plein de dévotion ne recélait que des sentimens vertueux, et que, dès qu'il entrait sous ces ombrages ensorcelés, il entonnait, avec une voix sonore et avec componction, quelque cantique sacré.

Un soir cependant qu'il était occupé devant sa porte à raccommoder ses filets, il fut saisi d'une frayeur subite, en croyant entendre le trot d'un cheval dont le bruit s'approchait de lui. Tout ce qu'on racontait des mystères de la forêt, tout ce qu'il en avait rêvé dans des nuits orageuses, se présenta tout-à-coup à son esprit, surtout l'image d'un grand homme blanc comme la neige, d'une hauteur gigantesque, qui secouait, dit-on, la tête d'une manière singulière et très-effrayante. Cet être extraordinaire était un des habitans de la forêt. Ulrich ne l'avait, il est vrai, jamais vu; il en entendait parler à la ville avec un grand effroi à ceux qui lui en demandaient des nouvelles. En tournant les yeux du côté où il entendait du bruit, il crut voir la tête mobile de l'homme blanc à travers les arbres; cependant il se rassura bientôt, en pensant que, puisqu'il ne lui était rien arrivé de fâcheux en traversant le bois, les mauvais génies auraient encore moins de pouvoir sur cette plage découverte : en même temps il récita de tout son cœur un passage des saintes Écritures, ce qui lui rendit tout son courage; et bientôt il se prit à rire en s'apercevant de son erreur. L'homme blanc qu'il avait cru voir n'était autre chose qu'un ruisseau qu'il connaissait très-bien, qui sortait de la forêt en cascade écumante, et se jetait dans le lac; le bruit qu'il avait entendu était causé par un cavalier richement vêtu, qui s'avançait au travers des arbres vers la cabane. Un manteau d'écarlate brodé d'hermine descendait de ses épaules sur un justaucorps bleu brodé en or; sur sa toque de velours bleu se balançaient de belles plumes; à son baudrier brodé pendait une superbe épée richement ornée. Le beau coursier qui le portait était d'une taille plus élégante que ne le sont ordinairement les chevaux de bataille. Il marchait si légèrement sur le gazon que les fleurs paraissaient à peine foulées.

Le vieux pêcheur, tout-à-fait rassuré, sentait bien que cette agréable apparition n'avait rien de dangereux; mais, intimidé d'une si brillante visite, il resta en silence auprès de ses filets. Cependant l'étranger s'approcha de lui, s'arrêta, et lui demanda s'il pourrait trouver durant la nuit, dans cette chaumière, un asile pour lui et sa monture.

Le vieux Ulrich ôta son bonnet, et répondit respectueusement : « Quant à votre cheval, monseigneur, je ne puis lui donner une meilleure écurie que cet endroit couvert de feuillage, ni de meilleure nourriture que cette belle herbe; mais vous, seigneur chevalier, je vous recevrai volontiers dans mon humble demeure, et je vous offrirai une couche et un repas aussi bons que les miens. »

Le chevalier, satisfait, descendit de cheval; le bon vieillard lui aida à ôter au bel animal sa selle et sa bride, et le laissa errer en liberté sur le gazon fleuri. Puis le chevalier dit à son hôte : « Quand même, bon vieillard, vous n'auriez pas voulu me donner l'hospitalité, vous auriez eu de la peine à vous débarrasser aujourd'hui de votre hôte, car je vois devant moi un grand lac qui me barre le chemin, et le ciel sait que je n'ai nulle envie de rentrer à nuit tombante dans cette singulière forêt. — N'en parlez pas, » lui dit Ulrich en posant le doigt sur sa bouche; et il introduisit le chevalier dans sa cabane.

Près du foyer, où pétillait une petite flamme qui éclairait à peine une chambre meublée de quelques siéges de bois et d'une table, mais propre et bien rangée, était assise, dans un grand fauteuil de paille, la vieille femme du pêcheur. A l'aspect d'un hôte aussi distingué, elle se leva pour le saluer cordialement, et reprit aussitôt sa place sans offrir son fauteuil à l'étranger. Ulrich sourit, et dit :

« Ne soyez pas fâché, seigneur, si ma femme ne vous offre pas le siége le plus commode; vous êtes jeune, et chez les pauvres gens, il est d'habitude que les vieillards soient les mieux assis.

— A quoi penses-tu, mon bon ami, de dire une chose aussi inutile? reprit la bonne Marthe. Ce seigneur est un honnête homme, on voit cela sur son visage : comment un jeune cavalier aussi beau, aussi bien né, aurait-il l'idée de prendre la place d'une pauvre vieille femme? Asseyez-vous, seigneur; voilà encore une petite escabelle : seulement un des pieds n'est pas très-solide; prenez garde, ne faites pas trop de mouvemens. »

Le chevalier avança l'escabelle auprès du feu, et s'y plaça avec précaution. Il commença à causer amicalement avec le vieux couple; il lui semblait qu'il était leur fils, et qu'il revenait les visiter après une longue absence, tant il se sentait attiré par leur bonté et leur simplicité. Il leur parlait avec confiance, et faisait au vieillard questions sur questions sur la forêt merveilleuse, et si voisine de leur demeure qu'il ne pouvait ignorer ce qui s'y passait. Mais Ulrich éludait de répondre; il disait qu'il valait mieux ne point en parler; il assurait qu'il la traversait souvent sans avoir jamais rien vu d'extraordinaire, et paraissait craindre d'effrayer sa compagne, surtout à l'entrée de la nuit : tous deux, en revanche, lui parlèrent avec abandon de leur ménage, de leurs occupations, et demandèrent au chevalier le récit de ses voyages, qu'ils écoutèrent avec grand plaisir. Il leur raconta qu'il possédait un beau château près des sources du Danube, et qu'il se nommait sire Huldbrand de Ringstetten.

Pendant la conversation, le chevalier avait entendu un bruit singulier à la fenêtre basse de la chambre, comme si quelqu'un s'amusait à jeter de l'eau contre les vitres. Le vieux Ulrich, qui l'entendait aussi, fronçait le sourcil ; et lorsqu'enfin une grosse giboulée vint frapper la croisée, et qu'une partie de l'eau pénétra dans la chambre à travers le cadre mal joint, il se leva en colère, et cria d'une voix menaçante : « Ondine, ne finiras-tu jamais tes enfantillages ? aujourd'hui surtout qu'un seigneur étranger est dans notre chaumière, tâche d'être plus sage. » En effet, on n'entendit plus rien, que quelques éclats de rire étouffés, et le vieillard retourna à son siège, en disant : « Daignez excuser cette petite étourdie, seigneur; elle fera peut-être bien d'autres espiégleries; mais ce n'est pas de la méchanceté. C'est notre fille adoptive Ondine, qui ne peut perdre ses habitudes enfantines.

—Elle prendra de la raison en grandissant, dit en riant le chevalier; la gaîté sied bien aux enfans. Quel âge a la vôtre?

—Je rougis de vous dire, seigneur, qu'elle a, je crois, près de dix-huit ans, quoiqu'elle n'ait pas plus de raison qu'une petite fille de dix; mais, je le répète, elle n'est point méchante, elle a au contraire un excellent cœur.

—Tu as beau dire, répondit Marthe en secouant la tête, quand tu reviens de la pêche ou de tes courses à la ville, toutes les folies de cette jeune fille peuvent t'amuser un moment; mais c'est bien différent pour moi, qui suis obligée de la supporter sans cesse et de ne pas entendre une parole qui ait le sens commun. Au lieu de trouver en elle, à mesure qu'elle avance en âge, quelque aide et quelque secours, il faut que je veille à ce que ses extravagances ne nous ruinent pas tout-à-fait: la patience, je l'avoue, est souvent près de m'échapper....

—Bah, bah! reprit Ulrich, ne te fâche pas, bonne mère; chacun a ses peines dans ce monde. Tu as affaire avec notre Ondine, et moi avec les ondes de notre lac : quoique celles-ci me déchirent mes filets et me rompent mes digues lorsqu'elles sont agitées, je les aime toujours comme tu aimes aussi cette jolie enfant, malgré le tourment qu'elle te donne. N'est-ce pas, ma femme, tu l'aimes, cette chère petite?

— Il est vrai, répondit-elle, qu'il est impossible de se fâcher sérieusement contre elle. »

Tout-à-coup la porte s'ouvrit; une jeune fille d'une taille élancée et svelte, aux cheveux blonds bouclés naturellement, ayant les traits si fins, si réguliers, si bien en harmonie qu'elle était d'une beauté surprenante, entra vivement dans la chambre en s'écriant : « Vous avez voulu m'attraper, mon père ; où est donc ce bel étranger pour lequel il faut être sage? » Au même instant elle aperçut le chevalier; elle resta immobile à la vue de cette belle figure; tandis que, de son côté, le chevalier, ravi, était en extase en contemplant tant de charmes. Ses yeux restaient attachés sur Ondine, comme s'il eût voulu graver dans son âme ses traits délicieux que l'étonnement de la jeune fille lui permettait de contempler à son aise; mais il craignait que cette première surprise ne fît bientôt place à la timidité : il se trompait. Après l'avoir long-temps regardé, elle s'approcha familièrement, se mit à genoux devant lui, tout en jouant avec une médaille d'or qu'il portait suspendue à son cou par une chaîne, et lui dit avec un regard céleste et le plus doux sourire :

« Dis-moi donc, gentil et beau chevalier, comment as-tu fait pour arriver enfin dans notre chaumière? Fallait-il donc errer tant d'années par le monde avant de te rapprocher de nous? Viens-tu de cette vilaine forêt, mon bel ami? »

La vieille mère, qui grondait déjà, ne laissa pas le temps au chevalier de répondre; elle ordonna à la jeune fille de se lever, de se comporter plus décemment, et d'aller à son ouvrage. Ondine se leva d'un air mutin, prit une petite banquette, la plaça à côté du siége du chevalier, déploya un tissu auquel elle travaillait, et dit avec un ton décidé : « C'est ici que je veux rester. » Ulrich fit comme tous les parens avec les enfans gâtés, il n'eut pas l'air de s'apercevoir des sottises de sa fille, et voulut commencer une autre conversation;

mais Ondine ne le lui permit pas. « J'ai demandé à notre bel hôte, dit-elle, d'où il vient et s'il a traversé la forêt, et il ne m'a pas encore répondu.

— Je viens de la ville voisine, dit Huldbrand, et j'ai traversé la forêt.

— Eh bien ! dit vivement Ondine, tu vas donc me raconter comment tu y es entré, quelles singulières aventures tu y as rencontrées ? On prétend que tout le monde en a peur, excepté mon père ; mais il ne nous dit pas combien de fois il y a tremblé. Moi, je n'en veux croire que toi, mon bel ami ; dis-moi bien vite ce que tu y as vu d'extraordinaire. »

Huldbrand ressentit un léger frémissement à ce souvenir. Il regarda involontairement la fenêtre ; il semblait qu'une des bizarres figures qu'il avait vues dans la forêt devait nécessairement s'y montrer et lui faire des grimaces ; mais il ne vit qu'une nuit bien sombre qui étendait ses voiles sur la terre. Il rassembla donc ses idées pour raconter son histoire. Il allait commencer, lorsque le vieillard l'interrompit : « Non, non, seigneur, lui dit-il, ce n'est pas le moment ; ce n'est pas quand la nuit arrive qu'il faut raconter des choses effrayantes à une femme âgée et à un enfant. »

Huldbrand s'arrêta, mais Ondine se leva avec

colère; plaçant une de ses jolies mains sur sa hanche, et avançant l'autre, elle dit à Ulrich avec vivacité : « Vous ne voulez pas qu'il raconte, mon père, vous ne le voulez pas? eh bien! moi je le veux; il le faut, il le faut absolument. Je lui ordonne de parler, et si on me refuse... » En disant ces mots, elle frappa la terre avec le plus joli pied qu'Huldbrand eût vu de sa vie. Cette physionomie si douce, si affable, avait alors une expression de mutinerie enfantine qui la rendait encore plus piquante. Son regard était plein de feu, son teint animé des plus belles couleurs; et son attitude courroucée, son beau bras étendu, avaient quelque chose de si gracieux et de si plaisant que le chevalier ne pouvait en détourner les regards.

Mais Ulrich ne put retenir le dépit qu'il réprimait depuis long-temps avec peine; il se répandit en invectives et en reproches sur la désobéissance de la jeune Ondine, et sur son impolitesse envers leur hôte : la mère fit chorus avec lui. Ondine alors s'écria : « Si vous voulez gronder et ne pas faire ma volonté, vous pouvez dormir seuls dans votre cabane; l'étranger me remplacera. » En disant ces mots, elle s'échappa comme un trait, ouvrit la porte, et courut dans la campagne.

CHAPITRE II.

Comment Ondine était arrivée chez le pêcheur.

Huldbrand et le pêcheur se levèrent aussitôt pour retenir la petite courroucée; mais avant qu'ils eussent atteint la porte de la cabane, elle avait complètement disparu dans les ténèbres; on n'entendait même plus le bruit de sa marche légère, qui eût pu indiquer de quel côté elle avait dirigé sa course. Huldbrand, surpris, regardait son hôte d'un air incertain; il était tenté de croire que cette charmante apparition, qui s'était évanouie si promptement dans l'obscurité, n'était qu'une continuation des enchantemens de la forêt; mais le vieillard murmurait à demi-voix en disant : « Malheureuse enfant! ce n'est pas la première fois qu'elle nous échappe ainsi; à présent l'angoisse remplira notre âme, et le sommeil fuira nos paupières, dans la crainte qu'il ne lui arrive quelqu'accident en errant ainsi seule dans la campagne.

—Suivons-la donc, au nom du ciel! » s'écria Huldbrand avec la plus vive émotion. Mais Ulrich lui répondit : « A quoi bon perdre notre temps et notre repos à courir après cette petite insensée ? Eh ! mes vieilles jambes ne pourraient la rattraper, lors même que je saurais de quel côté la retrouver.

— Il faut au moins l'appeler, reprit Huldbrand, et la prier de revenir. » Puis il se mit à crier d'une voix forte, mais cependant avec un accent plein de tendresse : « Ondine, chère Ondine, reviens, reviens, je t'en supplie. » Le bon Ulrich secouait tristement la tête, et disait : « Tous ces cris n'y feront rien. » Malgré cela, il ne pouvait s'empêcher de crier aussi : « Ondine, chère Ondine, ton père t'en conjure, reviens encore cette fois. » Mais, ainsi qu'il l'avait prévu, Ondine ne se fit ni voir ni entendre ; et comme le vieillard ne voulait absolument pas que le chevalier allât à sa recherche dans une contrée qui lui était inconnue, ils rentrèrent dans la chaumière, où ils trouvèrent le feu à demi éteint. La vieille ménagère, qui n'était pas trop affectée de la fuite de la petite indocile et des dangers qu'elle pouvait courir, était allée se coucher. Ulrich souffla la braise, ranima le feu avec du bois sec, puis, à la lueur de la flamme, il alla chercher une cruche de vin, et la plaça devant l'étranger.

« Je vois, seigneur chevalier, lui dit-il, que vous êtes inquiet de cette pauvre fille; je le suis aussi, et si vous le voulez, nous tâcherons de nous distraire en causant et en buvant, plutôt que de nous agiter sur nos lits de roseaux sans pouvoir trouver le sommeil. Peut-être que cette petite mutine reviendra d'un moment à l'autre, et sera fort aise de nous trouver ici. » Huldbrand y consentit volontiers. Ulrich le força de prendre la place d'honneur que sa femme avait laissée vacante, et tous les deux se mirent à jaser avec abandon et confiance. Lorsqu'on entendait le moindre bruit du côté de la porte, ou même lorsqu'on n'entendait rien, ils retournaient la tête, et s'écriaient : La voici! Alors ils restaient un moment dans le silence de l'attente, puis ils reprenaient leurs discours en secouant la tête et en soupirant. Mais ils ne pouvaient penser à autre chose qu'à Ondine, ils ne pouvaient parler que d'elle. Ulrich se mit donc à raconter au chevalier de quelle manière cette jeune fille était arrivée chez lui, et celui-ci l'écouta avec un grand intérêt.

« Un jour, il y a environ quinze ans de

cela, dit le bonhomme, que j'allais vendre mes poissons à la ville, je passai par la redoutable forêt. Ma femme était restée à la maison comme à l'ordinaire; elle avait alors un heureux motif d'être sédentaire, car le bon Dieu nous avait bénis, en nous donnant, malgré notre âge avancé, un enfant beau comme le jour; c'était une fille, que nous chérissions de tout notre cœur. Nous méditions, ma femme et moi, de quitter notre presqu'île pour l'amour de notre enfant, et d'aller l'élever dans quelque endroit habité. Nous autres pauvres gens, nous n'avons pas les mêmes moyens que les riches pour donner nous-mêmes à nos enfans une bonne éducation. Avec le secours de Dieu on fait ce qu'on peut; ainsi, je m'occupais beaucoup en idée de ce projet, mais non sans peine. Je chéris aussi ma solitude, et je frémissais en pensant au tumulte et aux dissentions de la grande ville où je devais aller demeurer. Là où il y a tant d'hommes rassemblés, me disais-je avec effroi, je ne serai ni aussi heureux ni aussi tranquille. Cependant, je ne murmurais pas contre la Providence; je la bénissais au contraire de m'avoir accordé cette charmante créature. Je partis donc un matin pour la ville, laissant ici la mère et l'enfant, et me réjouissant déjà de les retrouver le soir. J'entrai dans la forêt avec courage; et je mentirais si je disais qu'il me soit arrivé ce jour-là quelque chose d'extraordinaire ou de fâcheux. Le Seigneur a toujours été avec moi sous ces ombrages redoutés, et grâces lui en soient rendues! Tous ceux qui les traversent n'ont pas, dit-on, le même bonheur. »

Le chevalier fit un geste de terreur; le vieillard ôta son bonnet, fit en silence une courte prière; puis il se couvrit, et continua : « Hélas! c'est ici, c'est dans ma paisible demeure que le malheur et la désolation m'attendaient au retour! Ma femme vint au-devant de moi; notre enfant n'était pas dans ses bras, et ses yeux, semblables à notre ruisseau, versaient des torrens de larmes. Elle s'était revêtue d'habits de deuil. — Grand Dieu, qu'as-tu fait de notre fille? — Elle est auprès de celui que tu invoques sans cesse, me dit-elle en sanglotant; nous n'avons plus d'enfant. » Nous rentrâmes désespérés dans notre chaumière. Je cherchai d'abord des yeux la dépouille inanimée de ma fille; elle n'y était pas, et seulement alors j'appris ce qui s'était passé.

« Ma femme était assise au bord du lac avec notre enfant, et tandis qu'elles jouaient sans aucune crainte, et que Marthe ne songeait qu'à son bonheur, la petite se baissa comme si elle voyait quelque chose de brillant au fond de l'eau. Sa mère s'amusait de l'air content avec lequel elle étendait en souriant sa petite main, comme si elle eût voulu se saisir de cet objet vers lequel elle se penchait toujours davantage. Marthe voulut enfin la retenir; mais au même instant l'enfant fit un mouvement si brusque qu'elle échappa des bras de sa mère, et tomba dans le lac. Les vagues l'entraînèrent sans doute rapidement. Ma femme, au comble de la douleur, chercha inutilement son corps; je l'ai long-temps cherché aussi, mais en vain; je n'en ai jamais trouvé aucune trace.

« Le même soir, nous étions assis dans la cabane; absorbés dans notre affliction, nous n'avions aucune envie de parler, nos larmes d'ailleurs nous en auraient empêchés. Nous regardions tristement la flamme qui pétillait sur le foyer, en pensant combien, la veille encore, cette brillante lumière amusait notre enfant. Tout-à-coup nous entendons un certain bruit à la porte, comme si on essayait de l'ouvrir :

elle n'était que poussée; elle cède, s'ouvre, et nous voyons sur le seuil une petite fille de trois ou quatre ans, richement vêtue, et d'une beauté surprenante, qui nous sourit. La surprise nous coupait la parole; je ne savais d'abord si c'était une créature humaine ou quelque apparition fantastique et merveilleuse; mais je m'aperçus que l'eau dégouttait de sa chevelure dorée et de ses beaux vêtemens; je vis que cette belle enfant était aussi mouillée que si elle fût sortie du lac. « Ma femme, dis-je, cette pauvre petite est, ainsi que la nôtre, tombée dans l'eau; faisons pour d'autres ce qui nous rendrait si heureux si quelqu'un pouvait le faire pour nous. Personne n'a pu sauver notre fille, sauvons celle-ci. » Nous la déshabillâmes, nous la couchâmes bien chaudement dans notre lit, et nous lui donnâmes de bons breuvages. Elle ne nous disait pas un mot; mais elle nous souriait, et ses beaux yeux, bleus comme les ondes de notre lac ou comme l'azur des cieux, étaient fixés attentivement sur nous. Le lendemain matin nous vîmes avec plaisir qu'elle n'avait point de mal. Je lui demandai alors qui étaient ses parens, et comment elle était venue dans notre presqu'île? Elle me fit, à sa manière enfantine, une histoire très-embrouillée, très-singulière, où je ne compris rien. Il faut qu'elle soit née dans un pays fort éloigné de celui-ci ; car depuis quinze ans, malgré mes recherches continuelles, je n'ai rien pu découvrir sur son origine. Elle nous dit quelquefois des choses si étonnantes, que nous ne savons pas si elle est tombée de la lune ou de quelque étoile. Elle parle de palais de cristal, d'arbres de corail, et de toutes sortes de choses qu'on ne voit pas dans nos contrées. Ce que nous avons pu en tirer de plus clair, c'est qu'elle se promenait sur le lac avec sa mère ; qu'elle était tombée de la barque dans l'eau ; qu'elle n'avait repris connaissance que sous nos arbres au bord du lac ; qu'elle s'était trouvée heureuse sur ce beau rivage ; qu'à l'approche de la nuit elle avait vu de la lumière à travers la fente de la porte de notre cabane, et qu'elle s'en était approchée.

« Nous nous décidâmes à garder cet enfant à la place de celui que nous regrettions tant, et à l'élever ; mais nous avions un grand scrupule sur le cœur et beaucoup d'inquiétude, ne sachant si elle avait été baptisée : elle-même l'ignorait. Quand nous lui faisions des questions sur cet objet et sur la religion de ses parens, elle nous répondait qu'elle était un enfant du bon Dieu, et qu'elle savait qu'on devait tout entreprendre pour parvenir à lui plaire. Nous résolûmes donc de la faire baptiser. Si elle ne l'a pas été, disions-nous, il n'y a pas à balancer; dans le cas contraire, et en fait de bonnes choses, il vaut mieux trop que trop peu. Mais quel nom lui donnerons-nous? J'avais grande envie de la nommer Dorothée, parce que j'avais entendu dire que cela voulait dire *don de Dieu*, et que c'était en effet Dieu qui nous l'avait envoyée pour notre consolation. Mais elle ne voulut pas : elle disait que ses parens l'appelaient *Ondine*, et qu'elle devait continuer à porter ce nom. Il me sembla qu'il était païen, car je ne le trouvai pas dans le calendrier.

« J'allai donc à la ville pour consulter un saint prêtre : celui-ci ne voulait pas non plus la baptiser sous le nom d'*Ondine*. Cependant, sur mes vives instances, il consentit à venir, au travers de la forêt enchantée, ici, dans ma chaumière, pour célébrer le saint sacrement du baptême. Nous traversâmes la dangereuse forêt. Arrivés en ces lieux, la petite Ondine se présenta si bien parée et si jolie, qu'elle gagna tout-à-fait le cœur du bon prêtre. Elle sut si bien le flatter, et même lui résister si plaisamment, qu'il ne se rappela plus un seul des argumens qu'il avait préparés contre le nom d'Ondine ; il lui parut même que ce nom semblait fait pour elle. Ce fut donc celui qu'elle reçut au baptême ; et pendant la cérémonie, elle se conduisit mieux qu'on ne pouvait l'attendre de son âge et de son caractère; elle eut une décence, un recueillement, une grâce inexprimables. J'avais craint le contraire; car il faut convenir que d'ordinaire elle est bruyante, étourdie, inconsidérée, incapable de réflexion et de suivre un raisonnement; d'ailleurs bonne, affectueuse quand elle n'a pas ses caprices, et si drôle, si gentille, qu'avec ses défauts on est obligé de l'aimer. Ma femme a bien raison de dire cependant qu'elle nous a donné bien du tourment; et si je voulais vous raconter.... »

Ici le chevalier interrompit Ulrich pour lui faire remarquer un bruit singulier qu'il avait entendu dès le commencement du récit, et qui paraissait se rapprocher de la cabane : on aurait dit des flots en courroux, roulant avec impétuosité. Ils coururent tous deux à la porte, et virent, à la clarté de la lune, qui venait de se lever, le ruisseau qui sortait de la forêt, enflé, débordé, entraînant dans sa furie des pierres et des troncs d'arbres qui tournoyaient sur les ondes agitées. Tout-à-coup une affreuse tempête, qui semblait obéir au torrent, s'éleva dans les airs; de sombres nuages, chassés par un vent impétueux, obscurcissaient par momens la clarté de la lune; le lac mugissant, soulevé par l'ouragan, jetait sur la plage ses vagues écumantes; les arbres se courbaient en gémissant sur les flots courroucés; toute la nature était en tourmente.

« Ondine, au nom du ciel, Ondine, où es-tu? » s'écrièrent les deux hommes avec l'accent de la terreur et du désespoir. Aucune réponse ne se fit entendre; alors, sans écouter aucune réflexion, sans rien redouter pour eux-mêmes, ils coururent de tous côtés en appelant Ondine et en la cherchant dans la campagne.

CHAPITRE III.

Comment Ondine fut retrouvée.

Les idées du chevalier Huldbrand s'embrouillaient de plus en plus; son émotion augmentait à chaque pas. Pendant qu'il cherchait ainsi dans les ombres de la nuit cette étonnante jeune fille, la pensée qu'elle n'était peut-être qu'une apparition mensongère semblable à celles de la forêt, se présentait sans cesse à lui avec une nouvelle force. Au milieu du mugissement des flots et de l'orage, du fracas des arbres qui se brisaient, de l'horrible métamorphose de ce pays naguère si riant, si tranquille, et maintenant entièrement bouleversé, il était tenté de croire que cette langue de terre, et la chaumière et les habitans, n'étaient qu'une illusion; mais il entendait de loin le vieux pêcheur appeler Ondine en gémissant; et sa compagne, qui s'était relevée, priait et chantait des cantiques. Il se trouva enfin sur le rivage du ruisseau débordé, et vit, à la lueur intermittente de la lune, qu'il avait pris son cours le long de la forêt, seul endroit par où la presqu'île tenait à la terre, en sorte qu'elle était actuellement une île.

« Grand Dieu! pensait-il, si cette jeune Ondine est entrée dans la redoutable forêt! Peut-être aura-t-elle voulu y aller pour voir de ses propres yeux ce qu'on n'a pas voulu que je lui racontasse, et maintenant le torrent nous sépare d'elle; peut-être est-elle à gémir de l'autre côté, au milieu des apparitions et des esprits malins! » A cette pensée un cri douloureux lui échappa. Il descendit jusque dans le lit du torrent, en marchant sur des cailloux roulans et en s'accrochant à des troncs de sapins renversés. Il voulait essayer de le traverser à gué ou à la nage, et chercher de l'autre côté la jeune fille égarée; mais, malgré tout son courage, il ne pouvait se défendre d'un mouvement d'effroi à la pensée de rentrer dans cette forêt : il se rappelait trop bien tout ce qu'il avait vu de terrible et de merveilleux sous ces feuillages en plein jour, et lorsqu'ils n'étaient agités que par le zéphyr, pour les aborder sans frayeur à la clarté de la lune, et surtout quand les vents déchaînés les tourmentaient. Il lui semblait voir sur l'autre rive le grand homme blanc, qu'il connaissait déjà, lui faire d'af-

freuses grimaces, en secouant continuellement
la tête ; mais ces images l'attiraient encore davantage en songeant que la jeune et charmante
Ondine était seule au milieu de ces êtres extraordinaires, et dans des angoisses mortelles.

Huldbrand avait déjà saisi une forte branche
de sapin, sur laquelle il s'appuyait. Debout au
milieu des ondes tumultueuses, il tâchait d'avancer, et pouvait à peine leur résister, lorsqu'il entendit tout-à-coup une douce voix qui
lui cria : « Gare ! gare ! ne t'y fie pas ! il est
malin le vieux torrent. » Il reconnut ces sons
enchanteurs : c'était Ondine. Dans ce moment d'épais nuages interceptèrent complètement la faible lueur de la lune. Il restait
debout, enchanté, immobile, ne sachant plus
de quel côté était venue cette voix qui lui
avait fait une impression singulière. Il sentit alors dans toute sa force l'amour que lui
avoient inspiré les charmes de cette belle enfant ; mais il était étourdi du cours impétueux des flots, qui battaient contre ses jambes avec la rapidité de l'éclair. Cependant il
se tint ferme, et s'écria d'une voix forte :
« Chère Ondine ! c'est toi, c'est toi que je
cherche au milieu des périls ; si tu n'es pas ici
telle que je t'ai vue dans la chaumière, si tu

voltiges comme une vapeur autour de moi, je veux devenir, comme toi, une ombre légère! Ondine! chère Ondine! Huldbrand ne veut plus te quitter!

—Tourne-toi donc, tourne-toi, jeune et bel nsensé. » Il entendait la voix tout près de lui; au même moment la lune sortit de dessous son voile épais, et il vit, à quelques pas de lui, sur une petite île que l'inondation avait formée, Ondine couchée mollement sur l'herbe fleurie, et sous les branches entrelacées de quelques grands arbres qui avaient aussi résisté à l'orage. A cette vue le chevalier ne connut plus aucun obstacle, aucun danger; à l'aide de la branche de sapin, il eut bientôt traversé le bras du torrent qui le séparait de la jeune fille, et il se trouva à côté d'elle sur un petit tertre de gazon comme dans un Elysée, abrité et protégé par le feuillage épais des antiques chênes. Ondine se soulève, et, passant un bras autour du chevalier, elle l'attire doucement à côté d'elle sur son siège de fleurs. « A présent, mon doux ami, lui dit-elle avec le sourire le plus enchanteur, tu me raconteras tout ce que je voudrai savoir. Les vieux grondeurs ne sont plus là pour t'en empêcher, et cette feuillée vaut bien leur misérable chaumière enfumée. » Huldbrand était surpris et fâché de l'entendre parler ainsi de ses parens adoptifs, et du simple asile où ils l'avaient reçue et élevée avec tant d'amitié; mais l'amour fut le plus fort, et, serrant sur son cœur cette créature charmante, il lui jura que cette place était pour lui le paradis.

Cependant le vieux Ulrich était aussi arrivé sur le rivage du torrent: il vit de là les deux jeunes gens, et leur cria ces paroles: « Comment pouvez-vous tous les deux me laisser ainsi dans la peine et dans l'angoisse! Seigneur chevalier, je vous ai reçu chez moi vous croyant un honnête homme, et je vous trouve là faisant l'amour à ma fille adoptive, pendant que je cours dans l'obscurité pour la chercher! Permettez-moi de vous le dire, ce n'est pas ce que j'attendais de vous.

— Je viens de la trouver dans cet instant même, bon vieillard, dit le chevalier. — Tant mieux, reprit Ulrich d'un ton plus radouci; mais puisque la voilà dans vos bras, portez-la sans plus tarder au travers du torrent, ici sur la terre ferme, et reprenons tous ensemble le chemin de la cabane, où la bonne mère pleure et prie. » Le chevalier allait obéir à cette sommation; mais la petite mutine ne le voulut pas, et dit d'un ton décidé qu'elle aimerait mieux suivre le bel étranger, fût-ce même dans la terrible forêt, que de retourner à la chaumière, où on ne faisait pas ce qu'elle voulait, et où le chevalier ne pouvait toujours rester ; puis, se penchant sur lui, elle lui chanta ce couplet avec une grâce infinie et avec la voix la plus mélodieuse :

> Au travers de la prairie
> Petit ruisseau suit son cours
> Sur l'herbe tendre et fleurie,
> Mais n'y sera pas toujours ;
> Plus loin son penchant l'entraîne,
> Et, cédant à ses attraits,
> Ruisseau quittera la plaine,
> Et n'y reviendra jamais.

Le vieux Ulrich accompagnait le chant de ses larmes ; mais Ondine n'en paraissait point émue. Elle continuait d'embrasser le chevalier, de jouer avec sa chaîne d'or, de lui fredonner son couplet. Enfin il lui dit avec fermeté : « Ma chère Ondine, si la douleur de ce bon vieillard ne touche pas ton cœur, elle perce le mien ; retournons auprès de lui. » Elle leva sur lui ses beaux yeux avec l'expression de l'étonnement ; puis, après un instant de silence, elle lui répondit doucement et en hésitant : « Eh bien ! oui, si tu le veux ainsi ; moi je veux tout ce que tu veux ; mais il faut que mon père me promette de ne plus t'empêcher de me raconter ce que tu as vu dans la forêt, et pourquoi tu y es entré, et..... — Viens seulement, dit le vieux Ulrich, viens, mon Ondine. » Il ne put en dire davantage ; mais il lui tendait les bras en faisant de la tête un signe affirmatif, pour lui faire entendre qu'il consentait à ce qu'elle demandait. En faisant ce mouvement, ses cheveux blancs retombaient sur son visage, et le chevalier se souvint involontairement de l'homme blanc de la forêt ; mais il écarta cette pensée, et soulevant la belle Ondine qu'il tenait dans ses bras, il la porta au travers du torrent fougueux qui séparait la petite île où ils étaient de la terre ferme. Lorsqu'ils furent arrivés, non sans peine, le bon Ulrich se jeta au cou d'Ondine ; il ne pouvait se rassasier de l'embrasser et d'exprimer son bonheur de l'avoir retrouvée. La vieille Marthe accourut aussi, et fit les plus tendres caresses à la jeune fille : il ne fut plus question de reproches de part et d'autre. Ondine, oubliant son dépit, et touchée de l'amitié de ses parens adoptifs, leur disait aussi mille tendresses, et leur demandait pardon de la manière la plus aimable, quoiqu'elle y mît encore plus de mutinerie et de gaîté que de sensibilité; mais le chevalier n'était pas moins enchanté d'elle.

Lorsque la joie d'être réunis fut un peu calmée, ils reprirent le chemin de leur cabane. L'aurore éclairait déjà le lac, redevenu tranquille; l'orage s'était apaisé; les oiseaux saluaient le jour naissant par leurs gazouillemens joyeux, et sautaient d'une branche à l'autre sous l'humble feuillage. Ondine insistait toujours pour qu'on lui racontât ce qu'elle désirait si fort d'apprendre; ses parens y consentirent volontiers, en souriant de son impatience. La vieille Marthe, à qui Ulrich ne disait jamais rien de la merveilleuse forêt, était aussi fort curieuse de ce récit. Elle apporta un frugal déjeûner sous les arbres placés entre la chaumière et le lac; on s'assit joyeusement autour, sur des siéges de bois qu'Ulrich était allé chercher; mais Ondine voulut absolument s'asseoir sur l'herbe à côté du chevalier, qui commença en ces termes

CHAPITRE IV.

Ce qui était arrivé au Chevalier dans la forêt.

Il y a huit jours à peu près que j'arrivai dans une grande ville impériale de l'autre côté de la forêt; j'y venais pour assister à un magnifique tournoi, dans lequel je n'épargnai ni mon cheval ni ma lance. Je me reposais de mes fatigues, appuyé contre la barrière, en promenant mes regards sur les spectateurs, lorsque j'aperçus sur un des balcons une femme d'une beauté merveilleuse, parée avec le plus grand éclat. Je demandai à un voisin qui elle était; j'appris qu'elle se nommait Bertha, et qu'elle était la fille adoptive d'un duc des plus puissans de ces contrées.

— Aussi une fille adoptive, dit Ondine à demi-voix, et d'un riche duc! Continue, mon bel ami, » ajouta-t-elle avec un doux sourire, voyant que le chevalier se taisait pour l'écouter. Il obéit, en reprenant son récit. « Je remarquai qu'elle me regardait aussi; et, comme c'est l'usage entre nous autres jeunes chevaliers, je la choisis pour ma dame. Si j'avais fait des prouesses jusqu'alors, ce fut depuis bien autre chose. Le soir, au bal qui suivit le tournoi, je dansai continuellement avec elle, et je ne la quittai point pendant tout le temps que durèrent les fêtes. »

A ces mots, une vive douleur à sa main gauche, qui se trouvait au niveau de la tête de la jeune fille assise par terre tout près de lui, fit jeter un cri au chevalier, et regarder ce qui la causait. Ondine avait planté ses belles dents d'ivoire dans les doigts d'Huldbrand, et les mordait d'un air sombre et courroucé; mais à l'expression de douleur qui lui échappa, elle cessa aussitôt, et jeta sur lui un regard tendre et mélancolique, dont le charme était inexprimable. « C'est bien votre faute, lui dit-elle. — Pourquoi ? — Pourquoi toujours danser avec Bertha, ne point la quitter ? » Elle se couvrit le visage de ses deux mains, et Huldbrand continua en éprouvant une singulière émotion :

« Cette Bertha, dit-il, est une fille orgueilleuse et capricieuse; dès le second jour elle me plut beaucoup moins que le premier, et encore moins le troisième. »

Ondine découvrit son charmant visage, et

le chevalier put voir dans ses yeux rayonnans de joie qu'elle n'avait plus nulle envie de le mordre. « Elle ne me plaisait plus, continua-t-il, mais j'admirais encore sa beauté, et j'étais flatté de ce qu'elle faisait plus d'attention à moi qu'aux autres chevaliers. Je ne sais comment il arriva qu'un jour, par suite d'une plaisanterie, je lui demandai un de ses gants. — Je vous le donnerai, me dit-elle, si vous m'apportez des nouvelles de ce qui se passe dans la forêt enchantée. — Je ne désirais pas très-ardemment son gant; mais l'honneur d'un chevalier ne permet pas qu'on lui fasse en vain une telle proposition, ni qu'il se laisse soupçonner de la moindre crainte.

— Est-ce qu'elle vous aime? interrompit Ondine.

— Il le paraît, du moins, répondit Huldbrand.

— Dans ce cas, s'écria-t-elle avec un éclat de rire, il faut que cette belle Bertha soit bien bête! Eloigner ainsi ce qu'on aime, l'envoyer dans une forêt ensorcelée et dangereuse! Ah! qu'à sa place je me serais bien embarrassée de la forêt et de ses mystères! Comme j'aurais mieux aimé garder mon ami près de moi! »

Le chevalier sourit à Ondine, et continua.

« Hier matin, donc, je me mis en route, et j'entrai dans la redoutable forêt. Combien elle me parut belle! Le soleil levant perçait à travers le feuillage; les troncs élancés des arbres brillaient comme s'ils eussent été dorés : les feuilles, agitées par un doux zéphyr, semblaient jouer gaîment ensemble; les tapis de gazon, qui s'étendaient sous les pas de mon cheval, étaient émaillés de mille et mille fleurs. Je riais intérieurement de ceux qui avaient peur dans un endroit aussi délicieux : j'aurai bientôt galopé jusqu'au bout, et je reviendrai aussi vite, me dis-je avec satisfaction. En avançant ainsi sans m'en apercevoir, l'ombrage devint plus épais. Souvent j'étais forcé de me pencher sur mon cheval pour passer entre les branches entrelacées et si touffues, que je ne voyais plus la belle plaine que je venais de parcourir. Tout-à-coup il me vint dans l'esprit que je pourrais bien m'égarer dans cette vaste forêt, et que c'était sans doute le seul danger dont un voyageur y était menacé. Je m'arrêtai pour observer le cours du soleil, qui était déjà monté; en levant la tête, je vis quelque chose de noir entre les branches d'un haut chêne. Je crus que c'était un ours; et déjà je prenais mon épée, lorsqu'il partit de cet objet une voix humaine qui me cria d'un ton rauque et désagréable : « Si je ne cassais pas ici des branches, avec quoi te rôtirait-on cette nuit, monsieur le curieux ? » En disant ces mots il grinça les dents, secoua les branches, et les jeta par terre avec un tel bruit, que mon cheval s'effaroucha, et m'emporta au galop sans me laisser le temps d'examiner ce diable.

— Ne prononcez pas ce nom-là, seigneur chevalier, s'écria le vieux Ulrich en faisant le signe de la croix. Sa femme l'imita en silence; mais Ondine leva ses yeux brillans de joie sur son ami, et dit en frappant des mains : « Ce qui me fait plaisir dans cette histoire, c'est que te voilà, mon bel ami, et qu'on ne t'a pas rôti cette nuit : à présent, continue.

— Mon cheval effrayé, poursuivit-il, risquait de m'écraser contre les grands arbres. Il était tout trempé de sueur, cependant il ne se laissait ni retenir ni guider; enfin il se dirigea vers un précipice hérissé de pierres aiguës. Je me crus perdu, lorsqu'il me parut tout-à-coup qu'un grand homme blanc se jetait en avant de mon coursier, et lui barrait le chemin. Mon cheval en eut peur et s'arrêta; je pus alors m'en rendre maître. A ma grande surprise, je vis que mon sauveur n'était point un homme, mais un ruisseau argenté qui se précipitait avec impétuosité d'une colline, et qui, croisant la course de mon cheval, l'avait arrêté.

— Merci, cher ruisseau ! » s'écria Ondine en frappant encore ses jolies mains l'une contre l'autre; mais le vieillard secouait la tête en silence et réfléchissait profondément. Le chevalier continua : « A peine m'étais-je raffermi sur ma selle, et avais-je repris ma bride, que je vis à côté de moi une figure humaine très-bizarre : c'était un nain horrible à voir! Son teint était d'un brun jaunâtre, et son nez presque aussi grand que toute sa figure; son énorme bouche, fendue jusqu'aux oreilles, me sourit avec une sotte politesse. Il faisait mille courbettes, mille sauts autour de moi. Cette farce et cette odieuse mine me déplaisaient également. Je lui rendis brusquement ses salutations, et je fis tourner mon cheval, songeant à chercher de nouvelles aventures, ou, si je n'en trouvais pas, à revenir à la ville; car, pendant ma course rapide, le soleil avait fait la moitié de la sienne, et penchait vers l'occident. Mais le petit homme courait aussi avec la rapidité de l'éclair. Il me suivit, et se présenta de nouveau devant ma monture. Place! m'écriai-je en colère, de côté, petit homme! mon cheval est farouche, et pourrait bien te renverser. — Eh bien donc, me dit-il d'un ton nasillard et avec un rire affreux, donnez-moi auparavant une récompense, car c'est moi qui ai arrêté votre *dada*; sans moi vous seriez à présent tous les deux dans ce gouffre parmi les cailloux. — Ne me fais donc plus de grimaces, lui dis-je, et prends cet argent, quoique tu sois un menteur; c'est le ruisseau qui m'a sauvé, et non pas toi, misérable petite créature. En disant cela, je jetai une pièce d'or dans son bonnet bizarre qu'il avait levé, et qu'il me présentait comme un mendiant. Je m'éloignai au grand trot; mais il criait toujours derrière moi, et bientôt, avec une vitesse inconcevable, il m'eut rejoint. Cet être difforme m'était insupportable: je mis mon cheval au galop; le nain galoppait aussi à côté, quoiqu'il parût que cette allure lui donnait beaucoup de peine. Il faisait des grimaces horribles, et des contorsions bizarres de tout son petit corps, moitié risibles, moitié effrayantes. De sa longue main crochue il tenait toujours en l'air la pièce d'or, et criait

sans cesser : Mauvais argent ! fausse monnaie !
Il prononçait ces paroles d'une voix étouffée,
et de sorte qu'on aurait dit qu'il allait tomber
mort à chaque cri. Il finit par me faire pitié ;
je m'arrêtai tout ému, et lui demandai :
Pourquoi ces cris et cette course qui te font
un mal affreux? Tiens, prends encore une
pièce, prends-en deux, laisse-moi en paix, et
repose-toi. Alors il recommença ses affreuses
courbettes, et me dit de sa voix nasillarde que
je détestais plus encore que ses cris : « Ce n'est
pas de l'or qu'il me faut, mon gentil seigneur;
je n'ai déjà que trop de ces bagatelles, et je
vais vous montrer si j'en ai besoin : regardez
devant vous. » Il me parut alors que le gazon
sur lequel je marchais était devenu transparent comme un cristal vert, et que le sol était
comme une boule, dans laquelle je voyais
une foule de gnomes petits et laids comme
mon persécuteur, qui jouaient avec une quantité de pièces d'or et d'argent. Ils faisaient des
sauts et des gambades inconcevables : quelquefois ils avaient la tête en bas et les pieds en
haut; ils luttaient ensemble, se roulaient sur
de la poussière d'or qu'ils se soufflaient mutuellement dans les yeux; ils se jetaient l'un
à l'autre les précieux métaux dont ils étaient

entourés. Mon affreux compagnon, moitié dedans, moitié dehors de l'abîme, se faisait donner par ses confrères des poignées de morceaux d'or, qu'il me montrait avec ironie, et qu'il rejetait ensuite dans le vaste souterrain. On les entendait résonner en tombant; puis il leur montrait ma pièce d'or, qui les faisait rire aux éclats en se moquant de moi. Enfin, ils étendirent tous contre moi leurs vilains doigts pointus en me faisant les cornes. Ils sortirent de leur trou comme d'une fourmilière, et m'entourèrent avec des mouvemens toujours plus vifs, et en si grand nombre, qu'une terreur involontaire s'empara de moi comme elle s'était emparée précédemment de mon cheval. Je lui donnai de l'éperon, et passant à travers les gnomes, sans m'embarrasser si je les écrasais, je m'enfonçai dans la forêt. Long-temps poursuivi par leurs cris, je cessai enfin de les entendre, et je respirai plus librement.

« Je m'arrêtai pour trouver un chemin; le soleil était déjà baissé, et je sentais la fraîcheur du soir. A travers le feuillage, je vis briller un sentier très-blanc; il me tenta; je crus qu'il pourrait me conduire hors de la forêt et à la ville. Je voulus le gagner en me pressant contre les arbres; mais un visage tout blanc, dont les traits étaient vagues et changeaient à chaque instant, me regardait à travers les feuilles. Je voulais l'éviter, et, de quelque côté que je me tournasse, je le trouvais toujours. Courroucé, je voulus pousser mon cheval sur lui; mais il jeta à mon visage et dans les yeux de mon cheval une écume blanche comme de la crème fouettée ou comme celle du ruisseau, qui manqua de nous aveugler, et nous fit faire volte-face. Il nous pourchassa ainsi pas à pas, en nous éloignant toujours du sentier, et ne nous permettant pas de nous écarter de la seule route qu'il nous laissait libre, et qu'il paraissait nous indiquer. Lorsque nous la suivions docilement, il se tenait toujours derrière mon cheval, mais sans nous faire aucun mal. Je tournais quelquefois la tête pour le regarder; je voyais que ce visage écumant et complètement blanc était placé sur un corps blanc aussi et d'une grandeur gigantesque. Il y avait des momens où il me paraissait que c'était un jet d'eau ambulant; mais il m'était impossible de m'en assurer positivement; car, dès que je m'arrêtais ou que je voulais m'en rapprocher, l'écume blanche recommençait à jouer son rôle. Harassé de fatigue, ainsi que mon cheval, nous cédâmes, à la fin, à la volonté de l'homme qui nous pourchassait, et faisait continuellement un signe de tête comme pour me dire : Bien, très-bien; obéis! C'est ainsi qu'enfin nous avons atteint l'extrémité de la forêt, et que j'ai trouvé ce vert gazon, ce beau lac et votre chaumière hospitalière : alors l'homme blanc a disparu.

— Il est heureux qu'il soit parti, dit Ulrich; je ne me soucie point de sa visite; » puis, sans faire aucune autre réflexion sur ce qu'il venait d'entendre, il commença à parler de la manière dont le chevalier pourrait retourner à la ville. Ondine éclata de rire. Huldbrand s'en étonna. « Ondine, lui dit-il, je croyais que tu aimais à me voir ici; pourquoi donc te réjouis-tu lorsqu'il est question de mon départ?

— Parce que tu ne peux partir, répondit-elle; essaie seulement à passer le torrent débordé de la forêt, soit à cheval, soit dans une nacelle ou à gué, comme tu voudras; ou plutôt ne l'essaie pas! car tu serais bientôt brisé par les pierres et les troncs d'arbres qu'il entraîne; et quant au lac, il est inutile seulement d'y penser. Mon père, qui le connaît depuis si long-temps, n'ose pas s'y hasarder trop avant. »

Huldbrand se leva en souriant pour aller voir si le torrent était encore aussi furieux que le disait la jeune fille; Ulrich le suivit, et Ondine les accompagna avec gaîté. Ils trouvèrent l'inondation telle qu'elle l'avait dit, et il fallut bien que le chevalier se décidât à rester dans l'île jusqu'à ce que les eaux se fussent écoulées. Lorsqu'après cette promenade ils retournèrent à la chaumière, Huldbrand dit à l'oreille de la jeune fille : « Tu avais raison, Ondine, il faut que je reste; en es-tu fâchée, chère enfant?

— Hélas! répondit-elle avec un ton moitié tendre et moitié boudeur, si je ne vous avais pas mordu, qui sait tout ce que vous auriez encore dit de Bertha, et ce que vous en diriez encore? »

CHAPITRE V.

Comment le Chevalier passait son temps dans la presqu'île.

Tu as eu sans doute, cher lecteur, la douce satisfaction, après avoir bien couru, d'arriver enfin dans un endroit où tu te trouvais bien, et si bien que tu éprouvais le désir d'y rester, d'y avoir ton propre foyer, et d'y jouir d'un paisible repos. Ce désir, inné dans tous les cœurs, se réveillait dans le tien; tu espérais de voir renaître, dans ce séjour de ton choix, toutes les fleurs de ton enfance. L'amour pur et profond de ta première patrie, les tombeaux révérés de tes aïeux, tout s'effaçait de ton esprit; et ce séjour, orné des charmes de la nouveauté, te paraissait le seul où tu pusses vivre, fût-ce même dans une chaumière, si celle qui l'embellissait à tes yeux l'habitait avec toi. Ce n'est pas notre affaire si tu t'es trompé, et si, dans la suite, tu as payé chèrement et douloureusement ton erreur. Nous ne voulons pas te retracer de si tristes souvenirs; mais rappelle-toi ces pressentimens si doux et si inexprimables, ce sentiment angélique de la paix de l'âme, et en même temps d'un amour pur et délicat qui s'insinue doucement, qui prévient la monotonie, anime tous les instans de la vie, et répand son charme sur tous les objets dont on est entouré; rappelle-toi ce temps trop vite écoulé, et tu sauras ce qu'éprouvait Huldbrand sur la jolie langue de terre où le hasard l'avait conduit. Souvent il voyait avec un plaisir intérieur que le torrent débordé croissait toujours, roulait ses flots avec plus de fureur, et se creusait un lit toujours plus large, qui séparait pour long-temps l'île nouvelle du continent. Pendant une partie de la journée, armé d'une vieille arbalète qu'il avait trouvée dans un coin de la chaumière, il se livrait à sa passion pour la chasse, guettait les oiseaux, et fournissait ainsi aux repas de la famille. Lorsqu'il rapportait sa proie, Ondine le grondait de priver ainsi de la vie ces charmans petits êtres qui volaient si joyeusement dans les airs; quelquefois même elle pleurait amèrement en les voyant morts, et boudait le chasseur; mais cela ne l'empêchait point d'aimer à les voir rôtis sur la table. Elle les mangeait avec plaisir ; et lorsque le chevalier n'en apportait point, elle le grondait plus fort encore de sa maladresse. Huldbrand se réjouissait fort de ces petits dépits, parce que bientôt après elle cherchait à faire oublier sa mauvaise humeur par les plus tendres caresses. Les deux bons vieillards étaient accoutumés à l'intime familiarité des jeunes gens ; il leur semblait qu'ils étaient fiancés, que bientôt ils se marieraient, et qu'ils devaient être les soutiens de leur vieillesse, en restant avec eux dans l'île. Cette séparation du reste du monde avait aussi donné à Huldbrand la même idée ; il lui paraissait qu'il n'existait plus rien au-delà des ondes dont il était entouré, ou bien qu'il était impossible de les traverser pour se réunir aux autres humains. Lorsque quelquefois son cheval hennissait en le voyant, comme pour lui rappeler les combats et lui demander de l'y conduire encore ; lorsque son brillant bouclier, sa housse et sa selle brodées frappaient ses regards comme pour lui reprocher son oisiveté ; lorsque son cimeterre tombait du clou auquel il était suspendu dans la cabane, et sortait à demi du fourreau, il éprouvait une certaine émotion, qu'il apaisait bientôt en pensant que la belle Ondine n'était point la fille du pêcheur, qu'elle était sûrement issue de quelque illustre race de princes étrangers, et qu'en s'unissant avec elle il ne mésallierait point son noble sang; mais ce qui le peinait le plus, c'était lorsque la vieille Marthe grondait Ondine en sa présence. Il est vrai que la jeune fille, au lieu de s'affliger et de pleurer, en riait presque toujours aux éclats; mais il paraissait au chevalier qu'en maltraitant Ondine on touchait à son propre honneur. Et cependant il ne pouvait donner tort à la vieille mère; car Ondine, par sa mutinerie, ses caprices, méritait dix fois plus de reproches qu'on ne lui en faisait; mais elle était déraisonnable avec tant de grâce, qu'elle forçait à pardonner ses torts; d'ailleurs le bon Ulrich et sa femme avaient tant de tendresse pour leur fille et tant d'égards pour le chevalier, que sa vie, au milieu de ce petit cercle, s'écoulait dans la paix et la félicité. Elle fut cependant troublée par un incident. Le vieux pêcheur et le chevalier avaient l'habitude de se réjouir en vidant ensemble une cruche de vin après leurs repas, surtout quand le temps orageux empêchait de sortir de la cabane : ils oubliaient ainsi le vent impétueux qui soufflait avec violence. Mais la provision du pauvre Ulrich était épuisée, et son hôte et lui-même en étaient chagrins. Ondine se moquait d'eux, et les plaisantait toute la journée sur leur sobriété forcée. Ulrich, quoique toujours prêt à s'amuser de la gaîté de la jeune fille, n'entendait pas raillerie sur ce sujet-là, et Huldbrand même trouvait qu'il n'y avait pas de quoi rire, et ne s'en amusait point. Vers le soir, elle sortit de la chaumière, pour ne plus voir, leur dit-elle, leurs mines longues et ennuyeuses, et leur mauvaise humeur. La nuit commençait à étendre son voile noir, le vent mugissait, les eaux roulaient avec fracas. Le père et l'amant se rappelèrent les angoisses de la première nuit après l'arrivée d'Huldbrand; ils sortirent donc aussi pour appeler et ramener la jeune fille, tremblant qu'elle ne s'échappât encore. Mais cette fois elle vint au-devant d'eux, toute joyeuse, en frappant ses jolies mains. « Que me donnerez-vous, mes amis, leur dit-elle, si je vous procure du bon vin? ou plutôt ne me donnez rien! mais soyez seulement plus gais et plus aimables que vous ne l'avez été pendant cette journée, et je serai bien récompensée. Venez avec moi! le torrent a jeté un tonneau

sur le rivage, et je veux être condamnée
à ne pas dormir de huit nuits, et à ne pas
voir Huldbrand de huit jours, si ce n'est
pas un tonneau de vin. » Les deux hommes
étonnés la suivirent et trouvèrent en effet,
dans une baie bordée de broussailles, un
tonneau qui paraissait contenir la liqueur
généreuse qui ranimait leurs esprits, et dont
ils avaient senti la privation. Ils le roulè-
rent jusqu'à la chaumière en grande hâte,
car un orage terrible s'élevait de nouveau
sur l'horizon; et, à la faible lueur de la lune,
on voyait les vagues écumantes sur la surface du lac, lever leurs têtes blanches en mugissant, comme pour appeler la pluie qui
devait les augmenter encore. Ondine aidait de
toutes ses forces les deux hommes à rouler
le tonneau; et, voyant que l'orage s'approchait, et que l'averse menaçait bientôt de les
inonder, elle leva en l'air sa main, et cria
aux nuages, d'un ton plaisamment menaçant:
« Prenez garde à vous, nuages! ne nous
mouillez pas! attendez, pour tomber en eau,
que nous soyons à l'abri! » Le pieux vieillard
lui reprocha cette recommandation condam-
nable. « Est-ce à une petite fille comme toi,
lui disait-il, à commander aux nuages? » Elle

riait doucement. « Vous voyez qu'ils m'obéissent, disait-elle. En effet, l'ondée ne tombait pas encore, et ils arrivèrent heureusement auprès du foyer d'Ulrich. Là on ouvrit le tonneau, on goûta la liqueur; c'était un vin excellent. Le vieillard et le chevalier furent contens de retrouver leur collation accoutumée, et ne s'inquiétèrent pas d'entendre les flots de pluie tomber des cieux, la tempête ébranler les arbres et soulever les ondes du lac irrité.

Le tonneau contenait une provision suffisante pour plusieurs semaines; on en tira quelques cruches, on s'assit autour du feu, à l'abri de la fureur des élémens, et l'on se mit à rire, à causer amicalement en choquant le verre; on remercia Ondine de sa trouvaille; mais tout-à-coup Ulrich devint sérieux. « Nous jouissons ici de cette noble liqueur, dit-il en posant son gobelet sur la table, et nous ne pensons pas que celui à qui elle appartenait, à qui le torrent l'a enlevée, a peut-être aussi perdu la vie dans les flots. — Oh que non ! dit Ondine en remplissant le verre du chevalier; n'ayez pas des idées si tristes, et buvez à la santé de celui qui partage avec vous son meilleur vin!

— Sur ma parole la plus sacrée, s'écria le

chevalier, si je le croyais en danger, j'irais à l'instant le chercher le long du torrent; je ne craindrais pour moi-même ni les ombres de la nuit ni la tempête, si je pouvais le sauver; mais du moins je fais le vœu, si jamais je retourne parmi les hommes, de le chercher partout, et de rendre, soit à lui soit à ses héritiers, trois fois la valeur de ce vin. » Cette exclamation fit plaisir au vieillard; il serra la main de son hôte en signe d'approbation, vida son gobelet avec plus de plaisir et sans remords de conscience. Ondine aussi fit un doux sourire au chevalier.

« Tu pourras faire tout ce que tu voudras de ton or, lui dit-elle, à l'égard de cette restitution; mais c'est une sottise de vouloir courir après le propriétaire. Mes yeux se fondraient à force de pleurer, si tu allais t'égarer en le cherchant. N'est-ce pas, tu aimes mieux rester auprès de moi et boire de ce bon vin?

— Ah! sûrement, répondit Huldbrand en passant un bras autour de sa charmante taille.
— Eh bien, continua-t-elle, reste donc! On doit toujours penser premièrement à soi, et ne pas s'embarrasser des autres. » A ces paroles Huldbrand retira son bras, et resta pensif et silencieux. Marthe secoua la tête et se

détourna; Ulrich oublia toute sa tendresse pour la jolie petite Ondine, et la gronda beaucoup.

« Ne dirait-on pas que tu as été élevée par des Turcs et des payens ? lui dit-il avec colère. Dieu te pardonne ce propos, fille perverse ! Je voudrais que ton tonneau fût resté au fond du torrent, et que tu n'eusses pas dit cette affreuse parole.

— Eh bien, je la répète encore, dit Ondine avec colère; c'est ma façon de penser, à moi. Il ne s'agit ici ni d'éducation ni de beaux propos; à mon avis, l'essentiel est de ne pas vouloir paraître meilleur qu'on ne l'est en effet.

— Tais-toi, » s'écria Ulrich avec courroux et en avançant sa main d'un air menaçant. Ondine, qui, malgré sa hardiesse, était très-craintive, se serra en tremblant contre Huldbrand, et lui dit tout bas : « Es-tu aussi fâché, mon bel ami ? » Le chevalier pressa ses deux mains et joua avec ses beaux cheveux. Il ne pouvait parler; il était fâché du propos de la jeune fille, plus fâché encore de la colère du vieillard, et ne voulait s'exprimer ni sur l'un ni sur l'autre. Les deux couples restèrent donc embarrassés, silencieux, et boudant sans se regarder.

CHAPITRE VI.

Un mariage.

Un petit coup qui se fit entendre contre la porte retentit au milieu de ce silence; les habitans de la chaumière en furent tout effrayés. Il arrive souvent qu'un bruit inattendu cause une grande terreur : ce qui pouvait aussi l'excuser cette fois, c'est que la redoutable forêt était bien près, et que dans ce moment la presqu'île paraissait inabordable à tout visiteur humain.

Ils se regardèrent d'un air incertain. On frappa de nouveau, et l'on entendit en même temps un profond gémissement. Le chevalier se leva et saisit son épée; mais Ulrich lui dit tout bas : « Si c'est ce que je crains, les armes ne vous seront d'aucun secours. » Cependant Ondine s'était approchée de la porte, et tout-à-coup elle s'écria d'une voix forte et courroucée : « Esprits de la terre, retirez-vous! si vous voulez être méchans, Fraisondin saura vous mettre à la raison. »

La surprise du vieillard et du chevalier l'emporta même sur l'effroi. Huldbrand s'approchait vivement de la jeune fille pour lui demander l'explication des singulières paroles qu'elle venait de prononcer, lorsqu'on entendit ces mots derrière la porte : « Je ne suis point un gnome ou un esprit de la terre, mais un malheureux mortel ; si vous voulez me secourir, et si vous craignez Dieu, ouvrez-moi. Ondine fit un geste de compassion, se saisit de la lampe et ouvrit la porte. On aperçut alors un vieux prêtre qui recula de surprise à la vue de cette belle créature. Il pensa qu'il y avait là quelque enchantement, quelque chose de surnaturel, en voyant cette pauvre cabane habitée par une aussi charmante fille. Pour conjurer cette magie, il se mit d'abord en prières, en disant la formule ordinaire pour éloigner les esprits et les sorciers. « Arrière de moi, satan, au nom saint du seul Dieu tout-puissant !

— Je ne suis point un démon, ni ce vilain satan, dit Ondine en souriant. Regardez-moi ; ai-je la mine assez redoutable pour vous le faire supposer ? J'aime aussi le bon Dieu, et je sais chanter ses louanges : chacun le fait à sa manière. Entrez, mon vénérable père ; vous serez bien reçu, et vous êtes chez d'honnêtes gens. »

Le prêtre, rassuré, entra et salua en regardant tout autour de lui. Sa physionomie était douce et respectable ; mais l'état où il était faisait grande pitié : l'eau découlait en filets des plis de sa robe noire, de sa longue barbe blanche et de ses cheveux de la même couleur. Le pêcheur et le chevalier se hâtèrent de le conduire dans une autre chambre, lui donnèrent des vêtemens, et remirent aux deux femmes ceux qu'il ôta, pour qu'elles les fissent sécher. L'étranger remercia avec humilité et de la manière la plus aimable ; mais il ne voulut absolument pas se revêtir du manteau brillant que le chevalier lui présentait ; il préféra un vieux surtout gris du pêcheur. Ils rentrèrent tous dans la première pièce, et la vieille Marthe offrit aussitôt au prêtre son grand fauteuil, et insista pour qu'il s'y plaçât. « Vous êtes âgé, lui disait-elle, vous êtes fatigué, vous êtes un saint prêtre ; par toutes ces raisons, vous avez droit à la meilleure place. » Ondine prit la petite banquette sur laquelle elle aimait à s'asseoir aux pieds d'Huldbrand, et la mit sous ceux de leur nouvel hôte ; elle s'occupa de lui de la manière la plus grâcieuse, se conduisit avec beaucoup de décence et de retenue. Huldbrand lui fit là-dessus une légère plaisanterie à l'oreille; mais elle lui répondit très-sérieusement : « Cet homme sert celui qui nous a tous créés ; il n'y a pas ici à plaisanter. »

Ulrich offrit au prêtre à manger et à boire pour le restaurer, et lorsque cela fut fait, on le questionna sur la manière dont il était arrivé dans ce lieu, devenu inabordable. Alors il raconta qu'il avait quitté le jour précédent son couvent, situé bien loin au-delà du grand lac, pour se rendre auprès de l'évêque, et lui annoncer les dommages que les inondations et la misère avaient causés au monastère et aux villages qui en dépendent. Après avoir fait de grands détours pour éviter ces mêmes inondations, il avait été obligé de s'embarquer pour passer un des bras du lac qui était aussi débordé, et de se confier à deux bateliers. « Mais à peine, continua-t-il, notre esquif eut-il touché les ondes, que l'horrible tempête qui gronde encore sur nos têtes s'est élevée. Les vagues, semblables à des montagnes, soulevaient jusqu'aux nues notre frêle bateau, ou le faisaient retomber dans d'affreux abîmes : on aurait dit qu'elles nous avaient attendus pour nous accabler de leur fureur. Bientôt les bateliers perdirent leurs rames, que les vagues avaient brisées, et qu'elles emportèrent loin de nous. Abandonnés à la nature en désordre, nous fûmes poussés au loin sur cette plage, que nous avions déjà remarquée au travers du brouillard et des ondes. L'esquif tournoyait sur l'eau avec une vitesse incroyable : je ne sais s'il fut tout-à-fait renversé ou si je tombai en dehors. Voyant la mort devant moi avec toutes ses angoisses, je travaillai à lui échapper; et enfin une vague bienfaisante m'a jeté sous les arbres de votre île.

— Oui, notre île à présent, dit Ulrich. Il y a peu de temps que c'était une langue de terre s'avançant dans le lac, et seulement une presqu'île ; mais tout a changé depuis que le torrent est venu fondre sur nous, et se joindre au lac pour nous enfermer dans cette étroite enceinte.

— Je m'en suis bien aperçu, reprit le prêtre. Tout en suivant le rivage avec précaution dans l'obscurité, je n'entendais de tous côtés qu'un affreux bruissement d'eaux tumultueuses; mais j'ai aperçu un sentier frayé qui allait aboutir au torrent, je l'ai suivi, et c'est alors que j'ai vu qu'il partait de cette chaumière, où j'ai aperçu de la lumière. Je m'en suis approché avec un mélange d'espoir et de crainte ; et je ne puis assez rendre grâces au Père éternel, qui, après m'avoir sauvé miraculeusement des eaux, m'a conduit chez d'aussi pieuses gens, d'autant plus que je ne sais pas si je reverrai jamais dans cette vie d'autres mortels que vous.

— Que voulez-vous dire ? demanda Ulrich.

— Savez-vous, répondit le prêtre, combien cette révolte des élémens peut durer encore ? Je suis chargé d'années ; Dieu sait si le cours de ma vie ne finira pas avant cet affreux débordement : il ne serait pas d'ailleurs impossible que ces eaux écumantes ne s'étendissent encore davantage entre la forêt et votre demeure, et ne vous séparassent tellement du reste de la terre que votre nacelle de pêcheur ne pût désormais les traverser, et que les habitans de la ville, livrés à tant de distractions, ne finissent par vous oublier tout-à-fait. »

La vieille Marthe frémit en entendant ces paroles. « Dieu nous en préserve ! » dit-elle en joignant ses mains ridées. Mais son mari la regarda en souriant, et lui dit : « Ce que c'est que l'homme ! Cela changerait à peine notre existence, ou du moins pas du tout la tienne, ma chère femme : il y a bien quarante ou cinquante ans que tu n'as pas été plus loin qu'à l'entrée de la forêt, et que tu n'as pas vu d'autres humains que moi et Ondine. Il n'y a que bien peu de temps que ce brave chevalier et cet honnête prêtre sont venus dans notre habitation ; si notre île est séparée du reste du monde, ils resteront avec nous, et ce sera tout profit pour toi.

— Tu as bien raison, répondit Marthe ; mais je ne sais pourquoi il y a quelque chose de très-pénible dans l'idée qu'on est séparé pour toujours des autres hommes, quoiqu'on ne les connaisse pas et qu'on ne les voie jamais.

— Tu resteras avec nous, tu resteras avec nous, mon bel ami ! » dit Ondine au chevalier en se serrant encore plus contre lui. Mais Huldbrand était enfoncé dans la plus profonde rêverie. La contrée au-delà du torrent s'éloignait de plus en plus de sa pensée, et devenait plus vague dans son imagination ; l'île fleurie qu'il habitait maintenant se présentait à lui toujours plus riante. Sa jeune amie brillait à ses yeux comme la plus belle rose de ce petit coin de terre, et même de toute la terre. Peut-être avait-il vu de plus belles femmes ; Bertha était peut-être plus régulière, mais aucune ne pouvait être comparée à la jeune Ondine ; son genre de beauté n'appartenait qu'à elle. C'était un tel jeu de physionomie ; elle avait quelque chose de si sensible, de si animé, de si tendre, de si naïf quand il lui plaisait d'être douce et aimable, et, dans ses momens de mutinerie, tant de franchise et une petite malice si gentille, qu'elle n'en paraissait que plus séduisante encore. Son regard était si caressant, et son sourire si fin ; tous ses mouvemens avaient tant de grâces, l'ensemble de sa figure était si aérien et si parfait, qu'elle était vraiment séduisante. Elle témoignait tant de tendresse au chevalier qu'il la regardait déjà comme sa fiancée. Le ciel semblait leur avoir envoyé un prêtre tout exprès ; et la vieille Marthe, qui fit un geste menaçant à Ondine, parce qu'elle se serrait trop près du chevalier, et qui paraissait prête à éclater en reproches, acheva de le décider à légitimer leur tendresse mutuelle.

Les mots suivans partirent comme involontairement de sa bouche en s'adressant au prêtre : « Mon père, vous voyez ici un couple d'amans qui brûle d'être uni pour la vie; si Ondine et ses respectables parens ne s'y opposent pas, vous nous marierez ce soir. »

Les deux vieillards furent très-surpris. Cette idée s'était bien offerte à leur imagination, mais jamais ils n'avaient osé l'exprimer ; et lorsque le chevalier se présenta comme époux de leur fille adoptive, cela leur parut tout-à-fait extraordinaire. Ondine devint subitement sérieuse et baissa les yeux, tandis que le prêtre s'informait des circonstances, et demandait à Ulrich et à sa femme s'ils donnaient leur consentement à cette union.

Après quelques discours, on fut bientôt d'accord. La mère sortit pour préparer la chambre nuptiale, et pour aller chercher pour la cérémonie deux cierges bénits qu'elle avait conservés depuis son mariage. Pendant ce temps-là, le chevalier tordait sa belle chaîne d'or pour en détacher deux anneaux qu'il pût échanger avec sa fiancée. Ondine le remarqua, et, sortant tout-à-coup de sa rêverie, elle posa sa main sur celle d'Huldbrand, et dit vivement : « Non, non, ne gâte pas ainsi ta belle chaîne ! Mes parens ne m'ont pas envoyée si pauvre dans le monde; ils ont sûrement compté que j'y trouverais un époux. » Elle sortit précipitamment, et revint bientôt avec deux magnifiques bagues d'aigue-marine ; elle en donna une à son époux, et garda l'autre. C'est alors que le vieux pêcheur fut étonné, ainsi que sa femme; ils n'avaient jamais vu ces joyaux à leur fille adoptive, et lui demandèrent où elle les avait tenus si précieusement enfermés.

« Mes parens, répondit-elle, avaient cousu ces bijoux dans les beaux vêtemens que je portais lorsque je vins chez vous. Ils m'avaient instamment défendu d'en parler à personne avant le jour de mes noces ; je les ai décousus, et je les ai cachés jusqu'à cet instant. » Le prêtre interrompit les questions qu'on allait encore lui adresser, ainsi que les exclamations de surprise, en allumant les cierges bénits et en les posant sur une table, devant laquelle il fit avancer les deux époux. Il échangea leurs anneaux, et les unit par les rites solennels de l'Eglise. Le vieux couple leur donna sa bénédiction, et la jeune épouse silencieuse s'appuya en tremblant sur son bien-aimé chevalier.

Tout à-coup le prêtre s'écria : « Pourquoi,

singulières gens que vous êtes, m'avez-vous déguisé la vérité? Pourquoi m'avez-vous dit que vous étiez les seuls humains qui habitiez cette île? Pendant tout le temps de la cérémonie, j'ai vu derrière la fenêtre, vis-à-vis de moi, un grand homme enveloppé dans un manteau blanc, et qui nous regardait. Il est sûrement encore là; voulez-vous le faire entrer?

— Dieu nous en garde! s'écria Marthe effrayée; ce ne peut être que l'homme blanc de la forêt. » Ulrich secoua la tête, et Huldbrand courut à la fenêtre. Il crut aussi voir une longue trace blanche qui disparut bientôt dans les ténèbres; cependant il chercha à persuader au prêtre qu'il s'était trompé. Il revint auprès de sa jolie épousée, et toute la compagnie s'assit cordialement auprès du feu.

CHAPITRE VII.

Ce qui se passa le soir des noces.

Ondine s'était comportée avec beaucoup de
décence et de tranquillité avant et pendant la
cérémonie; mais après on aurait dit que tous
les caprices, toutes les malices, toutes les bi-
zarreries dont sa jeune tête était remplie, se
débordaient, comme le torrent, après avoir
été plus long-temps contenues. Elle agaçait,
tourmentait, harcelait, tantôt son époux, tantôt ses parens adoptifs, et même le vénérable
prêtre, auquel elle témoignait naguère tant de
respect. Lorsque ses enfantillages allaient trop
loin, sa mère, suivant sa coutume, élevait la
voix pour la réprimander; mais le chevalier
ne le souffrait plus; il lui imposait silence,
nommait Ondine sa femme, disait que lui
seul avait le droit de la diriger. Cependant ses
mauvaises manières et sa mutinerie inconcevable lui déplaisaient aussi beaucoup; mais il
avait beau lui faire des signes, et même quelques légers reproches, c'était en vain. Quand

elle s'apercevait de son mécontentement, elle restait un instant tranquille, elle s'asseyait à côté de lui, lui faisait une caresse, penchait sa charmante tête sur la poitrine de son mari, lui disait à l'oreille quelques mots bien tendres, et peu à peu le froncement des sourcils du chevalier disparaissait, son regard irrité devenait aussi tendre que celui de sa jolie compagne, et il la pressait avec ardeur sur son cœur. Mais une minute après, une nouvelle idée plus folle encore s'emparait de la tête de la petite étourdie, et l'entraînait à recommencer ses folies. Enfin le prêtre lui dit d'un ton sérieux, mais amical : « Charmante jeune femme, on ne peut vous voir sans ravissement. La gaîté sied bien à votre âge ; cependant, à présent que vous êtes mariée, je vous conseille de la modérer, et de régler votre âme, pour qu'elle soit toujours en harmonie avec celle de votre époux.

— Mon âme! repartit Ondine en éclatant de rire ; c'est fort beau tout ce que vous venez de dire, et c'est peut-être une fort bonne maxime pour ceux qui ont une âme ; mais quand on n'en a point encore, dites-moi, s'il vous plaît, comment on peut la régler et la mettre d'accord avec une autre âme? Eh bien! moi, je suis ainsi; je n'ai point d'âme. »

Le prêtre, blessé profondément, plein d'indignation, se tut et détourna tristement son visage; mais Ondine se leva, s'approcha de lui avec une grâce infinie, et, en le flattant doucement avec sa jolie main qu'elle posa sur son bras, elle lui dit : « Je vous en conjure, bon père, soyez plus indulgent pour moi! laissez-moi finir, avant de vous fâcher! Votre air courroucé me fait tant de mal! et vous ne voudriez pas, je le sais bien, faire de mal à une créature qui ne vous en a point fait volontairement. Je vous respecte et je vous aime de tout mon cœur, mais enfin soyez assez bon pour me pardonner; je vous expliquerai clairement ce que j'ai voulu vous dire. »

Le bon prêtre la regarda avec un sourire bienveillant, et lui tendit la main. On voyait qu'elle se préparait à un long discours, mais elle s'arrêta subitement, comme saisie d'un frisson intérieur, puis un torrent de larmes sortit de ses yeux. Ils ne savaient tous que penser d'elle; chacun la regardait en silence, et se livrait à diverses inquiétudes. Enfin elle essuya ses pleurs, et regardant sérieusement le prêtre, elle lui dit : « Il faut que ce soit quelque chose de bien bon et de bien beau qu'une âme, mais aussi de bien terrible, si on ne sait pas la diriger et la régler. Au nom de Dieu, saint homme, dites-moi la vérité, ne vaudrait-il pas mieux n'en avoir jamais? on ne serait pas responsable de ses fautes. » Elle se tut comme pour attendre une réponse; ses larmes étaient taries. Ses parens, son époux, le prêtre, s'étaient levés de leur siége et reculaient en frémissant. Elle paraissait n'avoir des yeux que pour l'ecclésiastique; ses regards étaient attachés sur lui, et dans tous ses traits se peignait une curiosité enfantine et très-vive, qui avait quelque chose d'extraordinaire. « Oui, reprit-elle lentement en posant la main sur son front, il faut qu'une âme pèse beaucoup sur ceux qui en ont une, car déjà son approche me remplit de douleur et de terreur; et j'étais si joyeuse, si légère! Rien, rien ne me chagrinait. Cependant j'ai beaucoup désiré d'avoir une âme, et à présent... » Ses larmes recommencèrent à couler avec abondance; elle se couvrit le visage avec ses vêtemens.

Le prêtre alors s'avança vers elle d'un air respectable, et levant sur elle son bras étendu, il lui ordonna, au nom de Dieu, de se dépouiller à l'instant de sa séduisante enveloppe, si elle cachait un esprit infernal. Ondine effrayée se jeta à genoux devant lui, répéta toutes les prières que ses parens lui avaient apprises, toutes les paroles pieuses que le prêtre avait proférées; elle lui protesta que rien de mauvais ni de criminel n'habitait en elle, qu'elle n'était qu'une simple jeune fille, pleine d'une bienveillance sans bornes, non-seulement pour ses amis, mais pour le monde entier. « J'ai été jusqu'à présent, dit-elle, une enfant inconsidérée, sans qu'il y ait de ma faute; actuellement je serai, j'espère, une femme bonne et soumise. » Elle jeta sur Huldbrand un regard si céleste et si plein d'amour, qu'il fut tout-à-fait désarmé, et qu'il se rapprocha d'elle; jusqu'alors il était resté les bras croisés sur sa poitrine et livré à ses sombres pensées. Le prêtre lui dit : « Je vais, seigneur chevalier, vous laisser seul avec celle à qui je viens de vous unir. Autant que je puis en juger, il n'y a rien en elle qui soit vraiment répréhensible, mais bien des choses singulières que vous découvrirez sans doute : je vous recommande l'amour, la prudence et la confiance. » En disant ces paroles il quitta la chambre; le vieux Ulrich et sa femme le suivirent en silence, ne sachant que penser de cette étonnante jeune personne.

Ondine était restée à genoux, son visage caché dans les plis de sa robe. Elle le découvrit, et dit à Huldbrand, en le regardant avec crainte et timidité : « A présent, tu ne voudras sûrement plus me regarder, et cependant je n'ai point fait de mal, pauvre enfant que je suis ! » En disant ces mots elle avait un air si touchant et tant de charmes que son époux, transporté d'amour, oublia tout ce qu'il y avait d'énigmatique en elle, et la terreur soudaine qu'elle lui avait inspirée; il se précipita vers elle, et la releva en la pressant dans ses bras. Elle sourit alors au travers de ses larmes, et ce sourire était comme les belles couleurs de l'aurore lorsqu'elles se réfléchissent dans un ruisseau. « Tu ne veux donc pas te détacher de ton Ondine ? lui disait-elle tout bas avec l'expression de l'amour et de la confiance, en passant doucement sa main si blanche et si jolie sur la joue brune du beau chevalier. » Celui-ci bannit alors toutes les sinistres idées qui avaient rempli son âme lorsqu'il avait cru s'être uni à un esprit malin ou à une magicienne. Cependant une seule question s'échappa encore comme malgré lui de sa bouche : « Chère Ondine, lui dit-il, explique-moi, je t'en conjure, ce que tu voulais dire, lorsque le prêtre a frappé à la porte, et que tu as parlé de gnomes et de Fraisondin !

— Ce sont des contes pour amuser les enfans, reprit-elle avec sa gaîté accoutumée, qui me sont revenus dans l'esprit. D'abord, j'ai voulu vous faire peur, et puis c'est moi qui ai été bien effrayée. Ce prêtre, qu'il avait l'air terrible en m'appelant esprit malin ! Ah ! qui m'aurait dit que ma soirée de noce se passerait dans les larmes, tandis qu'elle devait n'inspirer que des chants joyeux !

— Non, non, s'écria le chevalier, ivre d'amour ; non, Ondine, ma compagne bien-aimée ! sèche tes pleurs ; nous sommes unis pour jamais. » Et en lui donnant mille baisers, il emmena sa charmante épouse dans la chambre nuptiale, mystérieusement éclairée par la lune qui venait de se lever.

CHAPITRE VIII.

Le lendemain des noces.

L'éclat d'une brillante aurore réveilla les jeunes époux. Ondine cacha sa charmante tête sous les couvertures. Huldbrand réfléchissait en silence, et n'était pas loin de reprendre ses terreurs. Toutes les fois qu'il s'était endormi, il avait été agité par des rêves affreux; il avait vu des spectres épouvantables se transformer en belles femmes, puis se changer tout-à-coup en horribles dragons; et lorsqu'à cet aspect il se réveillait en sursaut, il voyait la lumière pâle de la lune percer au travers du feuillage; il regardait alors Ondine avec frayeur, redoutant de trouver un monstre à ses côtés. Elle dormait paisiblement, belle et pleine de grâces; il posait un baiser sur ses lèvres de roses, et se rendormait pour être bientôt réveillé par de nouvelles terreurs. Maintenant, bien éveillé, et retrouvant son Ondine plus charmante que jamais, il se reprochait intérieurement tous les doutes qu'il avait eus sur elle, et il finit par lui en demander pardon. Elle lui tendit sa main blanche, poussa un profond soupir, et garda le silence; mais un regard plus tendre, plus céleste qu'il n'en avait encore vu briller dans ses beaux yeux, lui prouva qu'elle n'était pas fâchée contre lui. Il se leva gaîment, et alla rejoindre les autres habitans de la chaumière dans la chambre commune. Ils étaient tous les trois assis autour du feu, avec un air inquiet et préoccupé, mais aucun n'osait témoigner son inquiétude. Le prêtre priait intérieurement pour éloigner tous les malheurs qu'il redoutait; mais lorsqu'ils virent l'air radieux et content du jeune marié, les rides qui sillonnaient le front des trois vieillards se dissipèrent; Ulrich commença même à faire quelques légères plaisanteries qui blessaient si peu la décence que la sévère Marthe y prenait part et en riait. Ondine aussi s'était habillée, et parut à la porte de la chambre. Ils voulurent se lever pour aller au-devant d'elle et l'embrasser; mais l'étonnement les rendit tous immobiles : la jeune femme, sans qu'aucun de ses traits fût changé, leur paraissait si différente de la jeune fille, qu'à peine pouvaient ils la reconnaître. Sa démarche, son port, avaient quelque chose de calme et de majestueux qui lui donnait l'air d'une reine; elle n'avait perdu aucune de ses grâces, et son air était mille fois plus séduisant. Tous ses mouvemens, naguère si brusques, si peu réglés, étaient moelleux et avaient quelque chose de posé et de calme qui allait au cœur. Dans ses beaux yeux bleus brillait une flamme céleste, et dans tous ses traits une expression ravissante de douceur et de sensibilité. Le prêtre s'avança le premier vers elle; un regard paternel et satisfait ranimait ses yeux ternis par les années. Ondine le salua avec un tendre respect, et lorsqu'il leva la main sur elle pour la bénir, elle tomba à ses pieds avec une expression d'humilité religieuse; elle lui fit des excuses de toutes les folies qu'elle avait dites le jour précédent, et le supplia avec émotion de prier pour le salut de son âme; puis elle se releva, embrassa tendrement ses parens adoptifs, et leur dit, en les remerciant des soins et des bontés qu'ils avaient eus pour elle : « C'est à présent que je sens au fond de mon cœur combien je vous ai d'obligations, mes bons, mes dignes parens! » Elle ne pouvait cesser de leur prodiguer les plus tendres caresses; et s'étant aperçue que sa mère pensait à préparer le déjeûner, elle vola auprès du foyer, apprêta, prépara, arrangea tout le repas, et ne permit pas que Marthe se donnât la moindre peine.

Pendant toute cette journée elle fut calme, tendre, amicale, pleine d'égards et d'attentions pour tout le monde, simple et active comme une bonne ménagère, et conservant toujours un maintien plein de décence et de délicatesse. Ses amis s'attendaient à la voir à chaque instant reprendre quelque bizarre accès de caprice ou de pétulance, auquel on la connaissait si sujette; mais Ondine resta douce et bonne comme un ange. Le prêtre ne pouvait assez l'admirer, et il dit plusieurs fois à Huldbrand : « Seigneur chevalier, la Providence vous a confié hier, par mon entremise, un trésor inappréciable. Si votre femme reste ce qu'elle est aujourd'hui, conservez ce trésor, soignez-le bien! il vous procurera le bonheur sur cette terre, et vous conduira au salut éternel, car quel homme oserait pécher devant un ange tel que votre Ondine est aujourd'hui? »

Vers le soir, Ondine, s'appuyant avec une humble tendresse sur le bras de son époux, l'entraîna doucement hors de la chaumière, lorsque le soleil couchant jetait ses derniers rayons sur l'herbe verdoyante et sur les arbres élancés. Les yeux de la jeune femme ne versaient pas de larmes, ils n'étaient pas non plus animés par le feu de la gaîté; mais au travers de leurs longues paupières on voyait briller comme une douce rosée d'amour et de mélancolie. Un mystère important, mais qui n'avait rien d'amer, paraissait voltiger sur ses lèvres entr'ouvertes, et ne s'exhalait encore que par de légers soupirs, ou plutôt par une respiration émue et pressée. Elle conduisit son Huldbrand assez loin de la cabane, et ne répondait à ses tendres caresses que par des regards bien tendres aussi, dans lesquels cependant il ne pouvait lire bien clairement la réponse aux questions qu'il adressait à sa compagne. Il y voyait un ciel d'amour, de dévoûment sans bornes, accompagné d'un léger nuage de crainte.

Ils arrivèrent sur le rivage du torrent débordé, et le chevalier fut saisi d'étonnement en voyant ses flots couler doucement dans un nouveau lit, sans aucune trace de sa précédente furie et de l'abondance de ses eaux.

« Demain il sera tout-à-fait tari, dit tristement Ondine; tu pourras alors le traverser sans obstacle, et aller où bon te semblera.

— Non pas sans toi, ma chère Ondine, répliqua le chevalier; nous sommes à présent unis pour la vie. Pense donc que si j'avais envie de te quitter, l'église, le clergé, l'empereur, l'empire s'en mêleraient, et te renverraient ton déserteur. On ne rompt pas ainsi la chaîne de l'hymen, surtout quand c'est l'amour qui l'a serrée.

— Cela dépend de toi seul, reprit Ondine en pleurant et riant tout à la fois. J'espère bien cependant que tu me garderas; je t'aime tant! Porte-moi sur la petite île qui est devant nous! c'est là que tu m'as retrouvée; c'est là que mon sort doit se décider. Je pourrais bien facilement traverser ces petites ondes; mais je suis si bien, si heureuse dans tes bras! et si tu me délaissais, j'y aurais du moins reposé encore une fois. »

Huldbrand, plein d'une singulière émotion, ne put lui répondre. Il l'enleva dans ses bras et la porta dans l'île; il la posa sur l'herbe touffue, et voulut s'asseoir à côté d'elle. « Non, lui dit-elle, mets-toi vis-à-vis de moi! je veux pouvoir lire dans tes yeux avant que ta bouche ait parlé. Ecoute attentivement ce que je vais te dire ! » Huldbrand se plaça comme elle le voulait : il garda le silence ; mais son cœur était vivement agité. Ondine commença ainsi :

« Sache, mon doux ami, qu'il existe dans les élémens des êtres qui à l'extérieur diffèrent peu des humains, mais qui ne leur apparaissent que bien rarement. Les bizarres salamandres brillent et se jouent dans le feu ; dans les profondeurs de la terre habitent les hideux et malins gnomes ; les sylphes charmans habitent l'air et voltigent dans les nuages ; dans les lacs, les fleuves, les ruisseaux, les mers, vit le peuple nombreux des ondins. Ils sont heureux dans leurs superbes demeures, sous leurs voûtes de cristal liquide, qui leur laissent apercevoir le soleil et les étoiles, ces merveilles de la création. D'immenses arbres de corail, avec leurs beaux fruits rouges et bleus, ornent leurs jardins. Ils foulent un sable pur, parsemé de coquillages de différentes couleurs. Tout ce que l'ancien monde a possédé de plus riche et de plus beau est enfoui sous le voile argenté des ondes, et c'est à présent le peuple heureux des ondins qui possède ces nobles et riches monumens de l'antiquité. L'eau bienfaisante qui les couvre fait croître autour d'eux des roseaux gracieux et des fleurs délicieuses qui les ornent et les enlacent. Les habitans des eaux sont pour la plupart d'un aspect affable, agréable, et plus beaux que les humains. Quelquefois un pêcheur favorisé a eu le bonheur de voir une de ces belles femmes aquatiques, lorsqu'elle s'élevait au-dessus des eaux en chantant ; il parlait alors de leur beauté. Les hommes les ont nommées des syrènes, et maintenant, mon doux ami, tu vois devant toi une de ces ondines. »

Le chevalier cherchait à se persuader que sa charmante épouse reprenait une de ses lubies capricieuses, et qu'elle voulait le tourmenter par ces contes bizarres et faits à plaisir ; mais il avait beau se le répéter intérieurement, cette idée ne pouvait se graver dans son âme. Un singulier frémissement parcourait tout son être. Incapable de proférer un seul mot, ses yeux immobiles restaient attachés sur la belle conteuse, dont l'expression devenait toujours plus touchante. Elle secoua tristement la tête, soupira profondément, et continua ainsi :

« Nous devrions être beaucoup plus heureux que vous autres humains sur la terre. Nous

nous nommons aussi des créatures humaines, et nous le sommes vraiment pour la figure et les besoins physiques; mais nous différons de vous par un point bien essentiel; nous cessons tout-à-fait d'exister après la mort; nos corps et nos esprits finissent et s'évaporent ensemble sans qu'il en reste un vestige, tandis que vous vous sortez de la nuit du tombeau pour entrer dans une vie meilleure et plus pure. Nous disparaissons en entier comme la poussière, les étincelles, le vent et les nuages. Nous n'avons point d'âme; c'est notre élément qui nous fait mouvoir et agir; il nous est soumis tant que nous vivons; mais à son tour, lorsque nous cessons de vivre, il nous décompose et nous détruit. Comme nous ne réfléchissons jamais, nous sommes toujours gais et sans aucun souci, tels que les oiseaux dans les airs et les poissons dans les eaux. Tous ces jolis enfans de la nature sont un peu au-dessous de nous dans l'échelle des êtres, n'ayant pas la même perfection de sens ni les mêmes facultés, comme nous sommes au-dessous des hommes qui ont été doués d'une âme. Mais tous les êtres pensans (et cette faculté qui tient à l'esprit ne nous est pas refusée) ambitionnent un grade supérieur à celui qu'ils occupent dans la chaîne de l'univers.

« Mon père, un puissant prince des eaux dans la Méditerranée, voulut que sa fille unique acquît une âme, dût-elle à ce prix éprouver toutes les peines qui sont une suite de ce don à la fois précieux et funeste; mais nous ne pouvons en gagner une que lorsque l'amour le plus tendre et le plus intime nous unit à quelque créature de votre espèce. Maintenant, Huldbrand, j'ai une âme; c'est à toi que je la dois, à toi que j'aime plus qu'aucun langage ne peut l'exprimer, et je t'en rendrai grâces même au-delà du trépas, puisque tu m'as assuré par ce don une existence qui ne finira plus et se renouvellera sans cesse. Mais tu peux la rendre ici-bas bien malheureuse. Que deviendrai-je si tu me crains, si tu me repousses? J'aurais pu te le cacher encore; mais je n'ai pas voulu me conserver ton cœur par une supercherie. Veux-tu maintenant me délaisser? Tu en es bien le maître : va, retourne seul sur ce rivage! je me plongerai dans ce ruisseau, et j'y trouverai mon oncle Fraisondin, le frère de mon père. Il coule dans cette forêt, et passe là une bizarre et solitaire vie d'ermite, éloigné de tous ses amis et parens; mais il est puissant, estimé et redouté de plusieurs fleuves et rivières considérables dont il dispose à son gré. C'est lui qui m'a amenée ici, comme un petit enfant heureux et gai, à la porte du pêcheur, me promettant que lorsque le moment de me marier serait venu, il arriverait dans la chaumière un beau chevalier. Il m'a tenu sa promesse en te conduisant dans la presqu'île au travers de la forêt. C'est lui qui était l'homme blanc qui te poussait dans le sentier; c'est lui qui assistait à mes noces auprès de la fenêtre, et c'est lui qui, si tu ne veux pas de moi, me reconduira chez mes parens comme une femme désespérée, et, pour son malheur, douée d'une âme qui lui fait sentir tout ce qu'elle perdrait en te perdant. » Alors elle fondit en larmes, et ne put en dire davantage; mais Huldbrand la serra dans ses bras avec la plus vive émotion et le plus tendre amour. Il la porta sur le rivage, et la pressait plus fort encore en traversant le torrent, de crainte qu'elle ne lui échappât; il lui jura, en la couvrant de baisers et de larmes, qu'il ne délaisserait jamais son épouse chérie. Il se trouvait plus heureux que Pygmalion, lorsque Vénus anima le marbre dont il était épris.

Ondine, penchée sur son épaule, et pleine d'une tendre confiance, retourna avec lui dans la cabane, et sentit alors mieux que jamais combien elle regrettait peu les palais de cristal et les jardins de corail. « Ah ! disait-elle, si je pouvais aussi être oubliée et ne plus exister que pour mon Huldbrand adoré, combien je serais heureuse ! lui aussi oublierait mon origine, et ne me regarderait plus comme un être extraordinaire. »

CHAPITRE IX.

Comment le Chevalier emmena chez lui sa jeune épouse.

Lorsque le lendemain matin Huldbrand se réveilla, il ne trouva plus sa belle compagne à ses côtés, et déjà il se laissait aller de nouveau à la crainte que son mariage et son Ondine elle-même n'eussent été qu'un prestige, un enchantement; mais il ne tarda pas à la voir rentrer dans sa chambre, douce et charmante comme la veille. Elle l'embrassa, s'assit près de lui, et lui dit : « Je me suis levée de bonne heure, mon doux ami, pour aller voir si mon oncle Fraisondin m'avait tenu parole. Il a déjà fait rentrer tous ses flots dans leur paisible lit, et coule maintenant solitaire et tranquille au travers de la forêt. Ses amis dans les eaux et dans les airs, qui s'étaient mis en mouvement pour lui, se sont aussi calmés. Tout va rentrer dans l'ordre et dans le repos ; cette charmante contrée va redevenir ce qu'elle était quand tu y es arrivé; tu peux donc retourner à pied sec dans ta patrie quand tu le voudras. »

Huldbrand croyait encore rêver, et ne pouvait se faire à la singulière parenté de sa femme; cependant il ne le lui témoigna pas : l'amabilité, les attraits de cet être charmant, eurent bientôt dissipé chez lui tout sentiment pénible. Quelques instans après, se trouvant avec elle devant la porte de la cabane, et promenant ses regards enchantés sur cette petite plaine verte, ombragée, entourée d'eaux claires, fraîches, et sur sa compagne si jolie, il éprouva un tel sentiment de bonheur, qu'il s'écria : « Pourquoi, chère Ondine, quitterions-nous si vite ce berceau de notre amour? Pourquoi partir déjà? Nous ne passerons pas dans le monde des jours aussi heureux que ceux que nous avons passés dans ce lieu paisible et retiré que la nature s'est plu à embellir. Restons encore ici quelques jours! voyons encore ce beau soleil se coucher dans cette onde, et la lune y réfléchir sa douce lumière!

— Comme mon maître et mon ami le voudra, reprit Ondine avec une tendre déférence; mais laisse-moi seulement te faire observer une chose! Mes bons vieux parens adoptifs auront déjà tant de chagrin de se séparer de moi, que s'ils apprennent à connaître l'âme aimante que je possède à présent, s'ils savent combien je suis devenue capable de les aimer et de les honorer, cette séparation leur coûtera trop de larmes. Ils ne prennent encore ma douceur, ma tranquillité que pour ce qu'elle était autrefois, pour le calme du lac lorsque le vent ne souffle pas, et que la tempête n'agite pas ses ondes. Ils pourront encore s'attacher à la première fleur, au premier arbrisseau, autant qu'ils l'étaient à ce pauvre petit être, dépourvu de sentiment, qui ne payait leurs soins que par ses caprices et sa mutinerie. Permets donc que je ne leur manifeste pas cette âme que tu m'as donnée, ce cœur si plein d'amour et de reconnaissance de leur fille adoptive, au moment où ils vont la perdre pour la vie; pourrais-je les leur cacher si je restais plus long-temps avec eux?»

Huldbrand approuva ce sentiment rempli de délicatesse. Il alla auprès d'Ulrich, et lui annonça leur départ, qui devait avoir lieu dans une heure : il fallut bien s'y soumettre. Le prêtre offrit au jeune couple de l'accompagner; et, après de courts, de tendres adieux, Ulrich aida au chevalier à placer sa jolie femme sur le beau cheval, et retint sa douleur pour ne pas ajouter à celle d'Ondine, qui pleura beaucoup en embrassant ses bons parens. Ils lui recommandèrent de rendre heureux l'époux que la Providence lui avait amené, et de bien remplir tous ses devoirs. Un regard jeté au ciel, puis sur Huldbrand, fut sa seule réponse et son serment : enfin on se sépara. Les voyageurs traversèrent, sans la moindre difficulté, le lit desséché du torrent, et entrèrent dans la forêt mystérieuse. Ondine pleurait encore en silence. Ulrich et Marthe, cédant à leur douleur, faisaient retentir l'air de leurs sanglots, et lui criaient de loin leurs adieux ; ils paraissaient avoir le pressentiment de ce qu'ils perdaient en se séparant de leur fille adoptive, qui les aurait à présent rendus si heureux.

Les trois voyageurs avaient pénétré jusque sous les ombrages les plus touffus de la forêt. C'était un charmant tableau que cette femme si jeune et si belle au milieu de ces vastes salles de verdure, montée sur un superbe coursier richement enharnaché, ayant d'un côté le vénérable prêtre revêtu de la robe blanche de son couvent, et de l'autre le plus beau des chevaliers, dans son costume brillant, ceint de son magnifique baudrier, d'où pendait son

cimeterre à poignée d'or incrustée de pierres
précieuses. Huldbrand ne se lassait pas de regarder son épouse chérie. Ondine enfin essuya
ses larmes, et n'eut des yeux que pour son
Huldbrand; bientôt il s'établit entre les jeunes
gens une conversation qui ne fut d'abord qu'un
échange de doux regards et de signes d'amitié;
vinrent ensuite des mots d'amour bien tendres
et bien passionnés, prononcés à voix basse, qui
les absorbaient entièrement. Enfin, dans un
moment de silence, ils furent surpris d'entendre près d'eux un autre entretien entre le
prêtre et un quatrième voyageur, qui les avait
joints sans qu'ils s'en fussent aperçus. Il portait aussi une robe blanche à peu près semblable à celle de l'ecclésiastique, excepté que
le capuchon, au lieu de pendre en arrière,
était relevé sur sa tête, et lui couvrait presque
tout le visage, et que ses vêtemens avaient
tellement d'ampleur, et formaient de si larges
plis autour de son corps, qu'il était sans cesse
obligé de les relever, d'en faire d'énormes
plis qu'il retenait sous son bras, et de les
ranger, sans que cependant ce mouvement et
ce soin continuels parussent gêner sa marche.
Lorsque les jeunes mariés l'aperçurent, il disait au prêtre : « Il y a déjà bien des années que

j'habite cette forêt, mon respectable père, sans pourtant que l'on puisse me nommer un ermite dans le sens que vous donnez à ce mot. Comme je vous l'ai dit, je ne fais point pénitence; à peine sais-je ce que c'est, et je ne crois pas en avoir grand besoin. J'aime cette forêt, parce que je trouve que j'y fais un charmant effet, qui m'amuse beaucoup moi-même, lorsqu'avec ma longue robe blanche volante on me voit sous ces ombrages sombres ou sous la verte feuillée, surtout quand un rayon de soleil perce au travers des arbres et vient inopinément me réchauffer. — Vous êtes un singulier personnage, répondit le prêtre; j'avoue que vous excitez ma curiosité; je voudrais savoir précisément votre nom et qui vous êtes.

— Eh bien! reprit l'habitant de la forêt, pour commencer la connaissance, qui êtes-vous vous-même, et d'où venez-vous?

— On m'appelle le père Heilman, dit l'ecclésiastique; je viens du couvent de la Visitation, de l'autre côté du lac, et j'ai été jeté par la tempête...

— Sur la presqu'île, au bout de cette forêt, reprit l'étrange personnage; je le sais bien, puisque j'étais avec vous dans la nacelle. »

Alors le père Heilman crut en effet se rappeler qu'au moment de son naufrage il avait cru voir près de lui quelque chose qui ressemblait à cette énorme figure blanche; il le lui dit, et il ajouta : « J'ai cru que c'était une illusion causée par la peur; mais qui êtes-vous donc ?

— Il est juste de vous le dire, mon père; je m'appelle Fraisondin, et l'on pourrait tout aussi bien me donner le titre de seigneur de Fraisondin qu'à beaucoup de gens moins seigneurs et moins puissans que moi. Je fais ce qu'il me plaît; je suis indépendant et libre comme l'air, et peut-être même plus encore : par exemple, j'ai quelque chose à dire à cette jeune femme, et personne ne m'en empêchera. » En un clin d'œil il passa de l'autre côté du prêtre, et se trouva tout près de la belle Ondine; tout-à-coup, élevant sa tête et alongeant sa taille, il parut au niveau de son visage, s'avança pour lui parler à l'oreille; mais elle se détourna tout effrayée, et lui dit : « Que me voulez-vous ? Je suis à présent d'une autre nature; je n'appartiens plus qu'à mon époux; je n'ai rien à faire avec vous.

— Ha ! ha ! reprit Fraisondin en riant, vous voilà bien fière de votre illustre mariage,

puisque vous ne voulez plus de vos parens!
Ne reconnaissez-vous pas votre oncle Fraisondin, qui, pour vous procurer une âme,
vous a portée si soigneusement sur ses épaules
dans la presqu'île, et vous a amené votre chevalier, avec tant de peine, au travers de la
forêt?

— Je n'ai rien oublié, dit doucement Ondine, et mon cœur sent tout ce qu'il vous
doit; mais à présent je vous crains, et je vous
conjure, si vous voulez que je sois heureuse,
de ne plus vous présenter à moi, et de me
laisser tranquillement suivre la carrière à laquelle vous m'avez destinée, à côté de l'époux que je chéris, et pour qui seul je veux
vivre. Il se détachera de moi, et ne m'aimera
peut-être plus s'il me voit entourée de parens
aussi singuliers, avec qui il ne peut être en relation. Dès ma plus tendre enfance, vous
m'avez donnée à une autre famille. A présent, laissez-moi suivre mon sort! je vous
prie de suivre le vôtre et de nous laisser!

— Non, non, ma petite nièce, reprit Fraisondin, je ne vous laisserai point; je suis ici
pour vous escorter et pour empêcher les méchans gnomes de la forêt de vous tourmenter.
Laissez-moi donc faire route avec vous et avec

ce vieux prêtre, qui se souvient très-bien de moi. Il vient de me dire qu'il croyait me connaître, et que j'étais près de lui dans la nacelle d'où il est tombé dans l'eau. Vraiment j'y étais en effet, puisque je fus la vague qui l'entraîna dans le lac, et qui le poussa à terre, afin qu'il pût bénir votre mariage. »

Ondine et le chevalier regardèrent le père Heilman; il paraissait marcher comme quelqu'un qui rêve, et ne point entendre ce qui se disait. Bientôt après Ondine s'écria en se tournant vers l'étranger : « J'aperçois l'extrémité de la forêt; nous n'avons plus besoin de vous. Il faut que je vous l'avoue, rien ne nous effraie plus que votre présence; je vous prie donc encore une fois, au nom de l'amitié que vous dites avoir pour moi, disparaissez, et laissez-nous suivre en paix notre chemin! »

A ces mots, Fraisondin eut l'air d'entrer en fureur; il fit une horrible grimace des dents contre Ondine, et lui souffla son écume blanche. Elle jeta un grand cri, et appela Huldbrand à son secours. Comme un éclair, le chevalier passa de l'autre côté du cheval, tira son épée et la fit voler sur la tête de Fraisondin; mais quelle surprise! l'homme avait disparu; le coup d'épée avait porté au milieu d'une cascade qui se précipitait d'un haut rocher à côté d'eux. Il les inonda en rejaillissant avec un bruit semblable à un éclat de rire. Le prêtre, mouillé jusqu'aux os, sortit alors de sa rêverie. « Il y a long-temps, dit-il, que je prévoyais ce qui vient de nous arriver, parce que le ruisseau coulait là-haut sur ces roches. J'ai cru même un moment que c'était l'homme blanc et qu'il nous parlait. » Au même instant Huldbrand entendit distinctement ces paroles qui partaient de la cascade :

> Pieux chevalier, je suis content de toi.
> Défends toujours ta gentille épousée !
> Aime-la bien ! ne crains point sa lignée,
> En lui gardant et ton cœur et ta foi !

Quelques instans après les voyageurs se trouvèrent en rase campagne. La ville impériale s'étalait devant eux ; le soleil couchant dorait ses créneaux et ses clochers, et séchait de ses rayons leurs habits mouillés.

CHAPITRE X.

Comment le Chevalier et sa femme vécurent dans la ville impériale.

Le chevalier Huldbrand était en effet un peu surpris de la singulière famille à laquelle il se trouvait allié, et cet oncle Fraisondin, tantôt torrent, tantôt cascade, quelquefois homme, lui paraissait un être très-extraordinaire; mais Ondine lui avait tout expliqué avec naïveté. En acquérant une âme, en s'unissant avec lui, elle avait renoncé à tous ses parens, et venait de le déclarer si positivement à son oncle, qu'il ne pouvait lui rester aucun doute ; il espérait donc n'en plus entendre parler, et rester tranquille possesseur de la meilleure et de la plus belle des femmes.

La disparition subite du chevalier de Ringstetten avait fait grand bruit dans la ville, et donné beaucoup de chagrin à toutes ses connaissances. On admirait son adresse, son habileté dans les tournois, ses grâces, sa belle figure dans les bals, dans les fêtes, et l'on aimait sa courtoisie et son bon caractère. Les gens de sa suite se désespéraient, restaient oisifs dans l'hôtellerie où il était logé, espérant toujours de le voir revenir; mais aucun d'eux n'avait eu le courage de le suivre ou d'aller le chercher dans la redoutable forêt. Ainsi que font la plupart des hommes, ils se lamentaient sur la perte de leur bon seigneur, sans rien entreprendre pour le retrouver. Bientôt après, les orages et les inondations se déchaînèrent, principalement du côté de la forêt. On ne douta plus que le beau cavalier n'eût péri. Tout le monde en voulait à Bertha de l'avoir ainsi envoyé à la mort pour satisfaire sa curiosité et sa vanité. Elle même pleurait amèrement et se faisait les plus sanglans reproches. Le duc et la duchesse, qui l'avaient adoptée, et qui la chérissaient malgré ses défauts, étaient venus la chercher; mais Bertha les supplia de rester à la ville jusqu'à ce qu'on eût quelques nouvelles d'Huldbrand, et qu'on sût s'il était vivant ou mort. Elle tâcha d'engager quelques jeunes chevaliers, qui lui faisaient une cour assidue, à aller à sa recherche dans la forêt; mais elle ne voulait pas, comme ils l'exigeaient, promettre son cœur et sa main pour le prix de cette prouesse, parce qu'elle leur préférait le courageux Huldbrand, dont elle espérait encore le retour. Aucun de ses adorateurs ne voulut risquer sa vie pour un gant ou un ruban, en allant courir après un rival si redoutable.

Lors donc que l'objet de tant d'alarmes reparut si inopinément, la joie fut grande chez ses serviteurs et parmi les habitans de la ville. Bertha fut la seule personne qui eût mieux aimé ne point le retrouver, que de le voir l'époux d'une jeune femme dont la beauté était si merveilleuse, qu'on ne parlait d'autre chose dans toute la ville, et accompagné du père Heilman, homme renommé pour sa sainteté, qui attestait leur mariage. Bertha, jusqu'alors si coquette, avait pris un très-vif attachement pour le beau chevalier, et s'était trahie par le chagrin que lui avaient causé son absence et ses dangers. Elle sentit alors qu'elle ne pouvait réparer le tort qu'elle avait pu se faire qu'à force de prudence et de dissimulation. Elle eut l'air de se plier aux circonstances, et de n'avoir eu pour Huldbrand que l'intérêt qu'il inspirait généralement, devenu plus vif par le regret d'avoir contribué à sa perte. Elle témoigna hautement le plaisir qu'elle disait éprouver de son retour, et surtout celui d'avoir été la cause de son bonheur ; elle fit à Ondine l'accueil le plus amical. Cette dernière passait dans toute la ville pour une princesse qu'Huldbrand avait délivrée des enchantemens de la forêt. Lorsqu'on les questionnait sur son origine, ils savaient se taire ou détourner adroitement la curiosité. La bouche du père Heilman restait close ; mais le tendre respect qu'il témoignait à Ondine confirmait sa noblesse ; d'ailleurs, il ne tarda pas à retourner dans son couvent. On fut donc obligé de s'en tenir à des conjectures ; et Bertha même, qui ne quittait presque point Ondine, ne put rien savoir de positif. Ondine, de son côté, s'attachait chaque jour plus intimement à cette aimable fille. N'ayant jamais eu d'amie, son âme, nouvelle et brûlante de sensibilité, se livra tout entière à l'amitié. « Il faut, disait-elle à Bertha, qu'il y ait entre nous de grands rapports ; car, sans une cause profonde et secrète, on ne s'aime pas comme je t'ai aimée dès le premier instant où je t'ai vue. » Bertha elle même, moins franche et moins aimante, ne pouvait se dissimuler qu'on ne pouvait connaître Ondine sans éprouver un attrait irrésistible. Quoiqu'elle eût bien des raisons de haïr son heureuse rivale, elle ne pouvait songer à la quitter. Cet attachement mutuel les engagea à user de tout leur pouvoir, l'une sur ses parens adoptifs, l'autre sur son époux, pour différer d'un jour à l'autre leur départ et leur séparation. Il fut même décidé entre elles que Bertha accompagnerait Ondine dans son château de Ringstetten, près des sources du Danube, et qu'elle y séjournerait quelque temps.

Elles en parlaient un soir qu'elles se promenaient ensemble à la lueur des étoiles, sous les beaux arbres qui bordaient la grande place de la ville. Les jeunes mariés étaient allés chercher Bertha chez elle pour cette promenade tardive, et tous les trois marchaient sous la voûte étoilée, les deux femmes appuyées sur le chevalier. Leurs discours, familiers et pleins d'amitié, étaient quelquefois interrompus par le bruit de la chute d'un superbe jet d'eau qui jaillissait au milieu de la place, et qui excitait leur admiration. L'air était ce soir-là d'une douceur et d'une pureté remarquables; ils éprouvaient tous les trois un contentement, un bien-être intérieur qui faisaient épanouir leur âme. Au travers des feuilles, on voyait scintiller les lumières des maisons voisines; on entendait un bruit confus d'enfans qui jouaient, de promeneurs qui se croisaient dans tous les sens autour d'eux. Ils étaient seuls et heureux au milieu d'une foule gaie et animée. Tout ce qui paraît difficile et présente mille obstacles pendant la journée, lorsque les soucis de la vie se mêlent aux projets, s'aplanit souvent dans le calme d'une belle soirée. Qui n'a pas éprouvé la douce influence d'une nuit d'été? comme on aime plus tendrement ses amis! comme tout paraît facile pour s'en rapprocher! Nous sommes si bien ensemble tous trois, disait Ondine; restons ainsi! ne laissons pas échapper le bonheur!» Le chevalier et Bertha pensaient et disaient de même. Ces trois amis ne comprenaient pas comment il pourrait y avoir le moindre empêchement à ce que Bertha vînt à Ringstetten.

Pendant qu'ils parlaient de leur départ et qu'ils allaient en fixer le jour, un très-grand homme, enveloppé d'un long manteau blanc, venant du milieu de la place, passa près d'eux du côté où se trouvait Ondine. Après l'avoir saluée respectueusement, il lui dit quelque chose à l'oreille. Elle parut mécontente d'être dérangée de sa société, et peu satisfaite de la personne qui l'abordait; cependant elle s'éloigna de quelques pas avec l'étranger, et ils parlèrent quelque temps à demi-voix. Huldbrand, qui ne détournait pas ses regards de cet homme, crut le reconnaître. Absorbé dans ses pensées, il n'entendait plus un mot des questions que lui faisait Bertha sur cette singulière rencontre. Tout-à-coup Ondine fit un cri de joie, frappa des mains en riant, comme c'était son habitude lorsque quelque chose lui faisait grand plaisir, et quitta l'étranger. Celui-ci s'éloigna en secouant vivement la tête, et marchant à grands pas avec l'air du mécontentement. Il se dirigea vers le beau jet d'eau; et, à la faible clarté des étoiles, il leur parut qu'il entrait dans le bassin. Huldbrand se crut alors sûr de son fait, et pensa que c'était bien sûrement l'oncle Fraisondin; mais Bertha demanda à son amie : « Que te voulait-il donc ce maître fontainier, chère amie, et qu'a-t-il pu te dire de si plaisant? » Ondine, riant toujours, lui répondit : « Après demain c'est le jour de ta fête, chère enfant, et alors tu le sauras, je te le promets. » On ne put tirer autre chose d'elle. Elle invita aussi les parens adoptifs de Bertha, le duc et la duchesse, à venir ce jour-là dîner chez elle, et conserva son aimable gaîté jusqu'au moment où ils se quittèrent, plus tendre encore qu'à l'ordinaire. Elle embrassa plusieurs fois Bertha en la nommant sa *sœur d'amitié*; puis ils se séparèrent.

Le chevalier était triste et rêveur : « C'était Fraisondin? dit-il à sa femme en frissonnant intérieurement, lorsqu'ils eurent quitté Bertha et qu'ils rentrèrent chez eux. — Oui, c'était lui, répondit Ondine; il voulait savoir si je me trouvais bien de mon séjour à la ville, et il m'a fait mille contes; mais au milieu de tout cela il m'a causé, contre son intention, un grand plaisir en m'apprenant une bonne nouvelle. Si tu veux la savoir à l'instant, mon doux seigneur et maître, tu n'as qu'à l'ordonner; mais si tu veux faire un bien grand plaisir à ton Ondine, tu attendras jusqu'à la fête de Bertha, et tu partageras sa surprise. »

Le chevalier accorda bien volontiers à sa femme ce qu'elle lui demandait avec tant de grâces : « Que je suis une heureuse créature! disait Ondine à son mari; déjà sur la presqu'île, avant de te connaître, je jouissais de tout le bonheur de l'insouciante enfance avec le bon Ulrich et la bonne Marthe, qui m'aimaient comme leur fille, et à présent il n'y a pas de femme au monde plus fortunée que la tienne, mon cher et bon ami. Mon seul chagrin était de penser que mes bons parens de la presqu'île étaient seuls et tristes, mais à présent, à présent...... » Même en s'endormant, Ondine murmurait encore tout bas avec l'accent du bonheur : « Quel plaisir leur fera cette nouvelle ! Et ma chère et bonne Bertha.... elle sera heureuse aussi comme je l'ai été, et, un jour, j'espère, comme je le suis à présent. »

CHAPITRE XI.

La fête de Bertha.

Les convives étaient à table : Bertha, parée de bijoux et de bouquets dont ses amis et ses parens lui avaient fait don, avait la place d'honneur entre Huldbrand et Ondine. Au moment où l'on servait le dessert, les portes de la salle à manger furent ouvertes, afin que, suivant l'usage du bon vieux temps, le peuple pût entrer et se réjouir de la vue des illustres convives, en prenant part à leur joie. Des serviteurs présentaient des gâteaux et du vin aux spectateurs. Huldbrand et Bertha attendaient avec impatience la bonne nouvelle promise pour ce jour-là; ils avaient toujours les yeux fixés sur Ondine; mais elle gardait encore le silence et souriait mystérieusement à son amie avec l'expression de la plus vive joie. Ceux qui savaient qu'elle avait promis une nouvelle, pouvaient lire sur son visage si expressif que son secret était à chaque instant près de lui échapper, mais qu'elle le gardait encore, comme les enfans qui se retiennent de manger un bonbon favori et le réservent pour la bonne bouche. Huldbrand et Bertha partageaient ce doux sentiment sans en connaître le sujet. Ils attendaient qu'elle le leur découvrît, avec une impatience qui n'avait rien de pénible, persuadés que ce qui faisait tant de plaisir à leur amie ne pouvait que leur être agréable. Enfin quelques-uns des convives ayant prié Ondine de chanter, elle y consentit, fit apporter son luth, et après avoir rêvé un instant, elle improvisa ces paroles en les adressant à Bertha :

> Vingt ans passés vers ce temps de l'année
> Qui réunit le printemps et l'été,
> Sur les bords d'un lac argenté,
> Sur ces touffes de fleurs dont la plaine est ornée,
> L'aurore annonce une belle journée ;
> Ecoutez-moi, je dis la vérité.
>
> Quel beau matin ! le ciel est sans nuage,
> Et son azur teint le cristal des eaux ;
> L'air retentit du chant de mille oiseaux,
> Seuls habitans de ce charmant rivage ;
> Personne n'entend leur ramage,
> Ni le murmure des ruisseaux
> Qui vont au lac déposer leur hommage.
>
> La rose étale en vain sa brillante couleur ;
> Nul ne respire son odeur;
> Elle fleurit sans qu'on l'effeuille.
> Le fruit mûrit sans qu'on le cueille ;
> Aucun mortel ne vit sur ce sol enchanteur.

Mais quel objet sur la verte prairie
   Présente un aspect tout nouveau ?
   Blanc comme un lis, rempli de vie,
   Se jouant comme un jeune agneau,
C'est un enfant d'un an, qui, sur l'herbe fleurie,
De l'innocence offre le doux tableau.

Il est encor dans l'heureuse ignorance
   Du plaisir et de la douleur ;
   Dans le gazon doucement se balance,
   Et sa petite main s'avance
Pour chercher à saisir la lumière ou la fleur.

D'où sors-tu donc ? dans un âge aussi tendre,
L'onde du lac t'a sans doute apporté ?
Ah ! pauvre enfant ! ta main a beau s'étendre,
Aucune main ne viendra pour la prendre :
Dans un désert le hasard t'a jeté.

Hélas ! bientôt, charmante créature,
   Tu sentiras le tourment des besoins ;
   Sans vêtement, sans nourriture,
   Tu vas périr faute de soins.

Mais il est une Providence
Pour protéger un être abandonné.
Conduit par elle, un noble duc s'avance
Sur son coursier, appuyé sur sa lance ;
De son chemin il s'est vu détourné.

Il revenait, après la guerre,
En son châtel, non loin de ce désert.
Un torrent débordé présente une barrière,
Et ce seul chemin est ouvert.

Il entre dans la plaine, et cherche à se conduire,
  En regardant de tous côtés.
  Bientôt ses yeux sont arrêtés :
Il voit l'enfant, il s'étonne, il l'admire.
De son coursier tout de suite il descend ;
  Il cède à l'attrait qui l'attire,
Et dans ses bras prend cet être innocent.
C'est une fille ; et, par son doux sourire,
  Par son regard si caressant,
  Elle semble déjà lui dire
  Que son cœur est reconnaissant
  Du tendre intérêt qu'elle inspire.

  Le duc éprouve un sentiment nouveau.
  Sur son coursier il remonte avec peine,
Tant il craint de blesser son cher petit fardeau ;
  Trouve une issue, et sort de cette plaine.
   Il arrive dans son château,
   Où l'attendait sa noble châtelaine.

  Tiens, lui dit-il, je t'apporte un présent.
Toujours je t'entendais désirer une fille :
J'ai trouvé celle-ci ; vois comme elle est gentille !
   Le ciel nous a privés d'enfant ;
   La reçois-tu dans ta famille ?
  — Oui, je la veux, répond, en l'embrassant,
   La bonne et sensible duchesse.
  Elle est à moi ; mon cœur, dès cet instant,
   Lui promet toute sa tendresse.

Elle est belle à ravir ; donnons-lui des vertus
Et des talens ! que lui faut-il de plus ?
   Un jour, notre fille adoptive
   Sera, si Dieu veut qu'elle vive,
L'honneur de ce pays. Tout leur a réussi ;
   Chacun l'admire, et chacun dit ainsi :

> Mais au milieu d'un sort aussi prospère,
> Il manque encor quelque chose à son cœur,
> Le premier, le plus grand bonheur :
> L'amour et les soins d'une mère,
> La tendresse active d'un père.
> Tous deux vivent dans la douleur.

Ondine laissa doucement glisser son luth sur ses genoux avec un mélancolique sourire : ses yeux étaient pleins de larmes : elle cessa de chanter. Les nobles parens adoptifs de Bertha pleuraient aussi. « Pauvre petite bonne orpheline ! s'écria le duc avec une profonde émotion; c'est ainsi que je te trouvai couchée sur le gazon, ignorant ton malheur : tu me serras dans tes petits bras, me prenant sans doute pour ton véritable père. Nous t'avons aimée, nous avons fait pour toi ce que nous avons pu faire; mais la belle chanteuse a raison; nous n'avons pu te donner le plus grand des plaisirs, celui d'embrasser ceux qui t'ont donné la vie. » Bertha soupira en silence, mais elle ne pleurait pas; la curiosité était chez elle plus vive que l'attendrissement. Son âme entière était attachée aux lèvres de son amie, et ses yeux ardens lui demandaient de continuer.

« Je le vois, dit Ondine, tu désires, chère

Bertha, que je te dise ce que sont devenus ces malheureux parens, privés de leur fille chérie: tu vas l'entendre. » Elle reprit son luth, fit retentir un accord harmonieux, et elle recommença à chanter :

> Qui la peindra cette douleur amère,
> Ce désespoir des malheureux parens
> Qui se trouvent seuls sur la terre ?
> Plus de bonheur sous leur toit solitaire ;
> Ils seront toujours gémissans.
>
> Le printemps renaîtra ; les fleurs dans la prairie
> Reprendront un éclat nouveau ;
> Mais rien ne leur rendra cette fille chérie,
> A qui le lac sert de tombeau.
> Hélas ! que ne l'ont-ils suivie !
>
> L'enfant de leur pitié les rattache à la vie ;
> Mais ce n'est pas le fruit de leur amour,
> Celle qui leur devait le jour,
> Et qui leur fut sitôt ravie.
> Mais elle existe, et son retour
> Rendra leur sort digne d'envie.

« Ondine, au nom du ciel, dit Bertha en l'interrompant, ne chante plus !.... parle ! Un seul mot ; le nom de mes parens, leur demeure ? Qui sont-ils ? où sont-ils ? C'est mon histoire que tu racontes, j'en suis sûre ; achève ! nomme-moi mes parens ! Sûrement tu les connais, femme étonnante! Tu n'aurais pas ainsi déchiré mon âme par le tableau de leur malheur, si tu n'avais le pouvoir de la guérir. Peut-être sont-ils ici..... peut-être..... Bon Dieu! serait-ce..... » Et ses yeux parcouraient la brillante assemblée comme pour les chercher. Ils s'arrêtèrent sur une puissante et belle princesse placée à côté du duc, et qui avait perdu une fille dans sa première enfance; mais Ondine se tourna du côté de la porte, versant des larmes de la plus douce émotion. « Venez, venez, pauvres chers parens, si impatiens d'embrasser une fille que vous avez crue si long-temps perdue! » s'écria-t-elle avec une expression de joie et de sentiment impossible à rendre. Alors on vit sortir de la foule le pêcheur et sa femme: la bonne vieille Marthe, toute courbée, s'appuyait sur Ulrich, qui lui-même chancelait sous le poids de son âge et de son émotion. Leur regard éteint interrogeait tantôt Ondine, et tantôt se portait sur la belle dame qui devait être leur fille. Ondine alla les embrasser tendrement, et les conduisit auprès de Bertha, en leur disant : « C'est elle, c'est bien elle; c'est cette charmante petite qui tomba des bras de sa mère dans le lac, et fut portée par...... par les ondes sur l'autre rivage. Voyez comme les années l'ont encore embellie ! » Sa voix était entrecoupée ; à peine pouvait-elle parler, tant elle était ravie de joie et d'attendrissement. « Bertha ! chère Bertha ! dit-elle encore, comme tu vas être heureuse ! qui peut mieux t'en assurer que celle qui t'avait remplacée ?..... » Elle parlait encore, et les deux vieillards se jetèrent au cou de leur fille, en pleurant et remerciant Dieu de la leur avoir rendue, et lui donnant le nom d'Ursule, qu'elle avait reçu au baptême.

Mais Bertha, d'abord stupéfaite, puis furieuse, s'arracha à leurs embrassemens. Une telle surprise, une aussi grande humiliation était trop forte pour ce cœur orgueilleux, qui s'était flatté du triomphe d'une illustre naissance. Sa vanité jouissait non-seulement d'être au-dessus de cette Ondine qui lui avait enlevé son amant, mais aussi du noble duc qui l'avait recueillie. Déjà, en idée, elle s'était vue reconnaître pour la fille de la princesse et placée sous un dais avec une couronne d'or et de diamans sur la tête..; et se trouver après ce beau rêve la fille d'un pêcheur ! Non, cela n'était pas possible ! Elle crut que sa rivale avait inventé cette histoire et arrangé cette scène pour la rabaisser aux yeux d'Huldbrand et de l'illustre société rassemblée pour sa fête. Elle accabla Ondine de reproches et les vieillards d'invectives : elle les traita de vils imposteurs, de trompeurs subornés. La pauvre vieille Marthe pleurait, et disait à demi-voix : « O mon Dieu, comme on l'a rendue méchante ! et cependant mon cœur me dit que c'est bien ma fille, mon Ursule tant regrettée. » Ulrich joignait les mains et priait en silence ; il demandait à Dieu de lui rendre le cœur de leur enfant, ou de leur persuader que ce ne fût pas elle. Ondine, pâle comme la mort, allait de l'un à l'autre, tâchait, par les plus tendres caresses, de consoler ses parens et d'adoucir Bertha. Elle se voyait tout-à-coup précipitée de la félicité qu'elle avait rêvée, en croyant faire le bonheur de ses vieux parens et celui de son amie, dans un abîme d'angoisses et de chagrin dont jusqu'alors elle ne s'était fait aucune idée. Étrangère à tous les préjugés du monde, ne connaissant que l'amour et l'amitié, ayant regretté plus d'une fois, depuis qu'elle était à la ville, sa charmante et paisible presqu'île et ses bons parens, elle avait cru de bonne foi rendre

Bertha aussi heureuse, en lui découvrant sa famille, qu'elle l'avait été dans son humble chaumière. Souvent Bertha lui avait témoigné son profond chagrin d'ignorer à qui elle devait la vie : elle retrouve à-la-fois une tendre mère, un père sensible et vertueux, et elle en paraît furieuse ! « Mais, Bertha, as-tu donc une âme? lui disait-elle, comme pour la tirer de ce qui lui paraissait un accès de démence. Je te jure, par l'amour de mon Huldbrand, que tu es vraiment la fille de ce couple si bon, qui t'aimera comme jamais encore tu n'as été aimée; car l'amour maternel l'emporte sur tout. » Alors Bertha devenait toujours plus furibonde : ses parens poussaient des cris de désespoir. Toute la société se leva et se dispersa en formant de petits groupes qui parlaient, se disputaient, blâmaient ou les uns ou les autres, et augmentaient la confusion de cette singulière scène. Tout-à-coup Ondine éleva la voix, et, avec un air de dignité et un sérieux imposant, elle réclama le silence et le droit de se faire entendre dans sa propre maison. Tout le monde se tut; tous les yeux furent tournés sur elle. Elle se plaça au haut de la table, là où Bertha avait été assise, et elle dit :

« O vous qui paraissez si courroucés et si troublés, et qui attristez ainsi une fête à laquelle j'attachais tant de prix, écoutez et jugez-moi ! Je ne connaissais ni vos mœurs insensées ni vos cœurs endurcis, et je vois bien que je ne m'y accoutumerai jamais. Je m'y suis mal prise, peut-être ; mais ce n'est pas ma faute : c'est uniquement celle de vos usages et du mauvais emploi que vous faites de votre âme. J'étais méchante aussi quand je n'en avais point ; je manquais souvent de respect à ceux que je croyais mes parens : à présent je me glorifierais de leur appartenir devant le monde entier, si j'avais le bonheur d'être leur fille. Mais je ne la suis point : c'est Bertha qu'ils ont mise au jour. Je ne peux encore en donner d'autre preuve que ma parole, et je suis prête à la confirmer par serment. Celui qui l'attira au fond de l'eau pour la ravir à ses parens, et qui la porta ensuite dans la prairie sur la route où le duc devait passer, m'a révélé ce mystère.... »

« Vous l'entendez ! s'écria Bertha ; c'est une magicienne, c'est une sorcière qui est en commerce avec l'esprit malin : elle l'avoue elle-même, et moi je l'ai vue avant-hier au soir s'entretenir avec lui. Il disparut comme l'éclair, et c'est de concert avec le démon qu'elle débite ces faussetés abominables.

— Non, dit Ondine avec calme et avec son beau regard plein d'innocence et d'une assurance modeste, non, cela n'est pas. Je ne suis point une sorcière ni une magicienne; demandez-le à mon époux! et vous-même, trouvez-vous que j'en aie l'apparence? Celui qui m'a parlé de Bertha, qui m'a confié son sort, n'est point un démon; c'est mon oncle.

— Eh bien! reprit Bertha furieuse, ton oncle a menti, et toi aussi. Si tu n'as pas l'air d'une sorcière, ai-je l'air, moi, d'être la fille de ce vil pêcheur? Tu ne peux en donner de preuves, parce que cela n'est pas. Vous qui m'avez honorée du titre de votre fille, mes illustres parens adoptifs, monsieur le duc et madame la duchesse, ne me laissez pas ainsi vilipender! Je vous en supplie, éloignons-nous! emmenez-moi loin de cette odieuse maison, de cette société, de cette ville où l'on est conjuré contre moi, sans doute par envie! »

Le respectable duc ne bougea pas, et la regarda d'un air assez mécontent. La duchesse dit : « Il faut absolument que nous sachions à quoi nous en tenir. Dieu me préserve de sortir de cette salle avant d'en être sûre ! Approchez, bonne femme ! dit-elle à Marthe ; quelles sont vos preuves pour soutenir que Bertha, ici présente, est votre fille ? Parlez sans crainte ! »

Marthe s'avança humblement, et dit : « Je ne puis affirmer que cette méchante demoiselle soit notre enfant, et puisque son cœur nous renie, je ne le désire plus ; mais si c'est ma fille, elle doit avoir entre les deux épaules un signe semblable à une violette, et une mûre sauvage sur le coude-pied gauche. Que de fois, en enveloppant ma petite Ursule dans ses langes, ai-je dit en plaisantant : Si je te perds, ta violette et ta mûre te feront toujours reconnaître ! Si donc, noble et pieuse dame, vous voulez passer avec elle dans un autre appartement, nous saurons bientôt si cette belle demoiselle est notre enfant.

— Je ne me découvrirai point devant cette vieille paysanne, dit Bertha en se tournant avec dédain.

— Mais bien devant moi, dit la duchesse d'un ton très-sévère ; suivez-moi, Bertha, je vous l'ordonne. Si vous n'êtes pas la fille de cette bonne femme, vous êtes encore la mienne ; voulez-vous aussi me renier ? » Bertha fut forcée d'obéir. La duchesse fit signe à Marthe de les accompagner : elles sortirent toutes trois, et les autres personnes attendirent en silence ce qui résulterait de cet examen. Quelques instans après elles reparurent : Bertha était d'une pâleur mortelle, et baissait les yeux. La duchesse dit hautement : « Ce qui est juste et vrai le sera toujours ; je déclare donc que notre belle hôtesse a dit la vérité, et que Bertha est vraiment la fille du vieux pêcheur. C'est tout ce qu'il nous importait de savoir ; je viens de m'en assurer ; elle-même ne peut et ne doit plus le nier. » Bertha garda le silence. Le couple ducal sortit, après avoir remis leur fille adoptive entre les mains de ses véritables parens, qu'ils invitèrent à les suivre dans leur palais ; les autres convives s'éloignèrent aussi en silence, et Ondine se jeta, les larmes aux yeux, dans les bras d'Huldbrand.

CHAPITRE XII.

Comment ils partirent de la ville impériale.

Le sire Huldbrand de Ringstetten aurait bien préféré que ce jour de fête se fût passé différemment; mais il ne pouvait s'empêcher de se réjouir que son Ondine se fût montrée aussi bonne, aussi douce, aussi sensible. Quoiqu'elle n'eût pas réussi comme elle l'avait désiré, son intention était excellente. Elle avait envoyé, sans doute à grand prix d'argent, un messager à Ulrich et à Marthe, pour les amener à la fête de leur fille, et s'était fait un plaisir de les réunir. « Ah! pensait-il en lui-même, si c'est moi qui lui ai donné une âme, il faut avouer qu'elle vaut mieux que la mienne. » Il ne songea donc qu'à consoler la belle pleureuse et à sécher ses larmes; il y réussit facilement, car au chagrin de la colère de Bertha et de la douleur de ses parens, se joignait chez la pauvre Ondine la crainte du mécontentement de son époux. Le chevalier prit la résolution de quitter dès le jour suivant cette ville, dont le séjour devait être odieux à Ondine, à présent qu'elle s'était brouillée avec son amie. On ne la jugeait cependant pas défavorablement. Comme on avait déjà remarqué en elle quelque chose de surnaturel, on n'avait pas été surpris de la découverte qu'elle avait faite touchant l'origine de Bertha, et ce n'était en général que contre cette dernière que l'on était courroucé; sa vanité, sa coquetterie et même sa beauté lui avaient déjà fait bien des ennemis, et tout le monde blâmait la méchanceté et la dureté qu'elle avait manifestées dans cette occasion. Mais le chevalier et sa femme n'en savaient rien; Ondine en eût été plus affligée que si on l'avait blâmée elle-même. De toute manière ils jugèrent qu'ils n'avaient rien de mieux à faire que de quitter le plus tôt possible cette antique cité, et d'aller habiter leur manoir de Ringstetten, près des sources du Danube.

Aux premiers rayons du jour, une voiture élégante était préparée pour Ondine à la porte de leur hôtellerie. Dans leur impatience, les coursiers d'Huldbrand et de ses écuyers frappaient du pied le pavé. Le chevalier sortit de la maison donnant le bras à sa femme; au même instant une jeune poissonnière se présenta devant eux, son panier plein de poissons. « Nous n'avons pas besoin de ta marchandise, lui dit Huldbrand ; tu vois que nous allons partir à l'instant même. » Alors la jeune fille se mit à pleurer amèrement, et les époux reconnurent que c'était leur amie Bertha, naguère si parée et si brillante. Ondine la serra dans ses bras avec la plus vive tendresse, en priant son mari de différer leur départ, et ils rentrèrent avec elle dans leur appartement. Là ils apprirent de Bertha, malgré ses sanglots, que le duc et la duchesse avaient été si irrités de sa dureté et de sa violence dans la scène de la veille, qu'ils lui avaient tout-à-coup retiré leur bienveillance, et ordonné de retourner vivre auprès de ses parens, non cependant sans lui faire de riches présens pour sa dot. Le vieux Ulrich en avait reçu aussi de très-considérables, et, la veille, il avait repris avec sa femme le chemin de leur presqu'île.

« Et tu les as laissés partir seuls, Bertha, dit Ondine, seuls avec le chagrin d'être reniés par leur fille ?....

— Je voulais aller avec eux, ne sachant que devenir ; mais ce vieux pêcheur, qu'on dit être mon père....

— Il l'est en effet, interrompit Ondine; j'en suis aussi sûre que de mon existence. Celui que tu pris l'autre soir pour un fontainier est mon oncle Fraisondin; c'est lui qui t'a reçue lorsque tu tombas dans le lac, et t'a portée sur l'autre rivage, dans la plaine déserte, où il attira le duc pour te secourir. Il m'a tout raconté en détail. Depuis ton enfance il a veillé sur toi pour te rendre à tes parens quand il en serait temps, quand le destin m'obligerait de les quitter.

— Mais, répondit Bertha, je ne puis comprendre, noble dame, pourquoi votre oncle s'est ainsi mêlé de ma destinée; que ne me laissait-il chez mes vrais parens m'accoutumer à leur pauvreté, ou chez mes parens adoptifs, pour jouir de leur fortune! Il me paraît que vous étiez chez ce pêcheur que vous assurez être mon père.

— Plût au ciel qu'il fût le mien! dit Ondine; rien alors ne manquerait à mon bonheur. J'étais plus heureuse dans sa chaumière que toi dans le palais du duc. » Bertha secoua la tête. « Mais enfin, reprit-elle, m'expliquerez-vous, noble dame, les motifs de la conduite de votre oncle envers moi?

— Je ne les connais pas trop bien, dit Ondine, mais je suppose qu'avant mon mariage on voulait que je vécusse dans la retraite, et je sens bien qu'il le fallait ainsi; j'étais si insensée, si étourdie!.... Non, Bertha, tu ne peux te faire une idée de la bonté et de l'indulgence de tes parens; jamais je n'ai pu la lasser. Tu serais bien aise d'aller vivre auprès d'eux, si tu les connaissais comme moi.

— Que j'en fusse aise ou non, dit Bertha, je voulais y aller lorsque le duc m'a renvoyée; mais le vieux pêcheur... mon père, puisqu'il faut absolument qu'il le soit, ne l'a pas voulu. « Que ferions-nous, m'a-t-il dit, d'une enfant méchante comme toi ? ta mère mourrait de chagrin de t'avoir donné la vie, et moi je la suivrais bientôt au tombeau. Non, je ne veux pas que tu viennes vivre avec nous avant que tu aies changé complètement. Traverse la forêt enchantée pour venir nous rejoindre ; ce sera la preuve que tu le désires et que tu te soucies de nous : nous saurons alors que tu viens de ton plein gré auprès de tes vieux parens, et nous te recevrons à bras ouverts ; mais ne viens pas habillée en grande dame ! viens comme doit être la fille d'un pauvre pêcheur ! » C'est, vous le voyez, c'est ce que je veux. Puisque je suis abandonnée de tout le monde, je veux aller vivre et mourir dans la solitude chez mes pauvres parens; mais, je l'avoue, l'idée de la forêt enchantée me fait frémir; on assure qu'elle est habitée par les plus horribles fantômes, et je suis si craintive! Mais que faire? il faut y aller, dussé-je mourir de frayeur, puisque je n'ai pas d'autre asile. Je ne suis venue ici, avant de me mettre en chemin, que pour demander humblement excuse à la noble dame de Ringstetten de m'être conduite hier si mal à son égard. Je sens bien à présent, excellente dame, que vous n'aviez que de bonnes intentions; vous ne saviez pas combien vous me blesseriez : le chagrin et la surprise m'ont fait proférer des paroles aussi insensées que téméraires. Pardonnez, oh! pardonnez-moi! je suis déjà si malheureuse! Pensez à ce que j'étais encore hier matin au commencement de votre fête, et à ce que je suis aujourd'hui.... »

Elle disait ces mots en versant un torrent de larmes; Ondine pleurait aussi, et la serrait tendrement dans ses bras. Elle était si émue que de long-temps elle ne put ouvrir la bouche; enfin elle dit : « Viens avec nous à Ringstetten, chère Bertha! que rien ne soit changé entre nous! tu nous avais promis d'y venir, je te le demande à présent plus instamment encore. Tutoie-moi comme autrefois ! ne me nomme pas noble dame ! Vois-tu, chère Bertha, nous avons été échangées dans notre enfance; notre sort nous lia ainsi mutuellement avant même que nous nous connussions; à présent nous unirons tellement nos destinées qu'aucun pouvoir ne nous séparera. J'ai été élevée comme une fille chérie chez tes parens de la presqu'île; je t'envisage donc comme une sœur. Viens vivre avec nous ! quand nous serons à Ringstetten, nous partagerons ensemble tout ce que je possède.

— Tout ! dit Bertha, cela ne se peut pas. » En disant ces mots, elle jeta sur Huldbrand un regard expressif et rapide. Il avait pitié de cette jolie et malheureuse fille, et ce regard l'émut singulièrement. Il prit sa main, joignit ses amicales instances à celles de sa femme pour qu'elle vînt vivre avec eux. « Nous ferons savoir à vos parens, ajouta-t-il, pourquoi vous n'allez pas chez eux; ils sont si bons, ils ont tant d'amitié pour nous, qu'ils seront, j'en suis sûr, charmés que leur *fille*... » Il vit que Bertha frissonnait à ce mot; et, ne voulant pas lui faire de la peine, il s'arrêta, la prit sous le bras, et la conduisit à la voiture, où il la fit entrer la première; Ondine monta ensuite; puis il s'élança sur son coursier, et les escorta gaîment à côté de la portière. Il pressait tellement le cocher d'avancer, que bientôt ils eurent perdu de vue et les murs et la banlieue de l'antique ville impériale, et laissèrent également derrière eux tous les tristes souvenirs qui y étaient attachés; en sorte que les deux amies, oubliant leurs chagrins, jouissaient avec délices de la vue des belles contrées qu'elles traversaient rapidement.

Après quelques journées de voyage, ils arrivèrent, par une belle soirée, au château de Ringstetten; les intendans et les serviteurs du chevalier avaient des rapports à lui faire sur leur gestion pendant son absence, de sorte qu'Ondine resta seule avec Bertha. Elles allèrent se promener sur les bastions de la forteresse, et elles admirèrent le beau pays que la fertile Souabe étalait de tous côtés à leurs yeux émerveillés, lorsque tout-à-coup un grand homme, couvert d'un manteau blanc, vint les aborder. Bertha crut le reconnaître pour le même qui était venu parler à Ondine sur la grande place de la ville, et qu'elle avait pris pour un maître fontainier. Elle n'en douta pas lorsqu'elle vit Ondine prendre un air assez dépité, quoique respectueux, lui faire signe de la main de s'éloigner, et lui dire ensuite : « Vous m'aviez promis, mon oncle, de ne plus reparaître; vous savez bien qu'à présent nous ne pouvons plus avoir de rapports. » Il se retira, mais avec un air mécontent, et en jetant sur Bertha un regard assez vague qui la fit frémir; il disparut dans un bocage voisin, en secouant la tête, comme il faisait à l'ordinaire. Bertha suivait des yeux cet être extraordinaire avec un sentiment de terreur; mais Ondine lui dit : « Ne t'effraie pas, chère Bertha; cette fois le méchant fontainier ne te fera point de mal, je te le promets. — Il me fait toujours peur, dit Bertha; mais pourquoi l'appelles-tu ton oncle? il est si extraordinaire cet homme, avec son visage blanc comme son manteau, et le mouvement continuel de sa tête! Vous n'avez pas l'air d'être de la même nature.

— Il est vrai, dit Ondine, nous ne le sommes pas. Ecoute, Bertha, plus de secrets pour toi; puisque nous devons vivre ensemble, je vais te conter mon histoire, et te dire qui je suis : allons nous asseoir sur ce mur, et tu sauras tout. »

Elles y allèrent, et là Ondine raconta son origine, dit comment ses parens avaient voulu qu'elle eût une âme immortelle, et qu'elle habitât sur la terre chez des gens honnêtes et vertueux, jusqu'au moment où l'homme qui devait l'associer à sa destinée pût venir l'épouser. Son père ayant cessé de vivre, ce fut son oncle Fraisondin qui fut chargé de cette commission. « Comme il avait établi son principal domicile dans le torrent de la forêt, dit-elle, il connaissait Ulrich et sa femme, et ce fut chez eux qu'il résolut de me placer. Il fallait commencer par leur ôter leur fille, pour leur donner le désir de prendre celle qu'il voulait leur amener, et peut-être plus encore pour que je n'eusse pas de rivale dans leur affection et dans celle de l'époux qu'il me destinait. Il allait souvent aussi visiter les sources du Danube, et c'est ici qu'il avait entendu parler du sire de Ringstetten comme du plus beau et du plus brave chevalier qu'il y eût au monde; c'était lui qui devait me donner une âme en m'épousant.

« Tout réussit à mon oncle. Ta mère te tenant sur ses genoux au bord du lac, il fit briller à tes yeux au fond de l'eau un beau coquillage; tu voulus t'en saisir, et tu tombas dans les bras de Fraisondin. Il se hâta de te porter sur les vagues au rivage opposé, dans la plaine déserte; il y attira le duc, qui revenait de la guerre, en lui barrant, par un torrent, le chemin qui conduisait à son château. Ce bon seigneur te prit, t'adopta, et tu n'as pas été malheureuse. Le lendemain Fraisondin m'amena au travers des ondes auprès de la chaumière, où tes parens désolés pleuraient ta perte; ils m'adoptèrent aussi, et m'ont rendue aussi heureuse que je pouvais l'être sans âme et sans la faculté de réfléchir. Quand le temps de me donner une âme fut arrivé, Fraisondin pensait aux moyens d'attirer Huldbrand dans la presqu'île, lorsque toi-même, Bertha, tu les lui fournis, en l'envoyant dans la forêt enchantée : mon oncle l'obligea à venir chez Ulrich, et l'amour a fait le reste. Il s'en est peu fallu, cher Bertha, que ce que mon oncle avait voulu éviter n'arrivât, et que tu ne devinsses ma rivale. Huldbrand t'avait trouvée si belle au tournoi, que je lui mordis la main de dépit lorsqu'il me parla de toi, et qu'il me dit qu'il avait été tout près de t'aimer. Mais toi, Bertha, tu ne l'aimais pas, puisque tu l'envoyas courir les dangers de la forêt enchantée; et moi, du premier instant que je le vis, je n'aurais plus voulu me séparer de lui un seul moment pour l'empire du monde : on aime qui nous aime, et il me donna tout son cœur. Tout va bien comme cela ; tu es son amie et la mienne. Si tu n'as pu aimer Huldbrand comme amant, tu l'aimeras comme le mari de ton Ondine, qu'il rend si heureuse. Mon oncle Fraisondin ne voulait pas que je t'amenasse ici ; c'est pour cela qu'il me découvrit ta naissance le soir à la promenade, en me disant qu'il était de mon devoir de te rendre à tes vrais parens. C'est lui qui se chargea de les amener au travers de la forêt ; à présent il est fâché que tu ne sois pas avec eux, et que tu sois avec moi : mais que m'importe, Bertha ? mon âme m'élève au-dessus de lui, et il n'a rien à me dire. »

Au commencement de ce récit, Bertha fut d'abord effrayée des discours de son amie, et crut qu'elle avait subitement perdu la raison : mais la suite, qui coïncidait si bien avec ce qui lui était arrivé à elle-même, la convainquit que c'était bien la vérité. Elle en avait aussi le sentiment intérieur. Ondine mettait tant de simplicité dans ce qu'elle racontait, qu'on ne pouvait en douter. Mais Bertha était émue de se trouver au milieu de ces êtres fabuleux dont on lui avait quelquefois parlé dans son enfance. Elle regardait Ondine avec étonnement et vénération. Cependant elle ne pouvait se défendre d'une espèce de saisissement désagréable ; il lui semblait que quelque chose, qu'elle ne pouvait définir, venait de se placer entre elle et son amie. Elle n'avait pu s'empêcher de soupirer quand Ondine lui avait parlé de l'amour que le chevalier avait eu un instant pour elle, et lorsqu'elle ajouta : « Mais toi, Bertha, tu ne l'aimais pas, » elle soupira plus fort encore. Lorsque le souper les réunit tous les trois, et qu'elle fut témoin des égards et des tendres attentions du chevalier pour Ondine : « Comment est-il possible, pensait-elle, qu'il puisse être aussi attaché à un être fantastique, et qui n'est presque pas une créature humaine, quoiqu'elle en ait l'apparence ! »

CHAPITRE XIII.

Comment ils vivaient au château de Ringstetten.

Celui qui écrit cette histoire, parce qu'elle émeut son cœur et l'intéresse, et qu'il espère que ses lecteurs éprouveront les mêmes sentimens, leur demande encore une faveur, c'est de lui pardonner s'il glisse légèrement sur une époque assez longue, et s'il ne dit qu'en général et en assez peu de lignes ce qui s'est passé journellement pendant ce temps. Il sait fort bien qu'un écrivain habile pourrait développer avec beaucoup d'art, et pas à pas, comment il arriva que le chevalier Huldbrand commença à se détacher de sa femme et à se rapprocher de Bertha; comment celle-ci venait avec une ardente passion au-devant de l'amour du chevalier, et comment tous les deux se justifiaient à leurs propres yeux, en se répétant que cette Ondine, qu'ils n'aimaient plus, était d'une autre nature, et qu'on ne peut être attaché qu'à ses semblables. On pourrait aussi remplir de touchantes pages des chagrins de la pauvre Ondine, et rendre compte des efforts qu'elle faisait pour cacher ses larmes. Lorsque son mari les voyait couler, elles réveillaient ses remords sans réveiller cependant son ancien amour. Souvent encore il était doux et tendre avec elle pendant quelques instans; mais bientôt un frémissement l'obligeait à s'éloigner d'elle et l'entraînait près de Bertha, qui n'était qu'une créature humaine, mais, aux yeux d'Huldbrand, la plus belle des femmes. Ah! sans doute l'auteur sait bien qu'il pourrait peindre aussi longuement qu'il le voudrait les passions et les sentimens qui animaient les différens personnages de cette histoire; mais combien de ses lecteurs sentiraient leur cœur se briser en retrouvant la peinture de ce qu'ils ont souffert ou fait souffrir! Ces détails réveilleraient chez les uns le sentiment d'une douleur assoupie, chez les autres le sentiment plus cruel encore du remords. Malheureux ou coupables, et souvent tous les deux à la fois, tel est le sort des pauvres humains. Heureux ceux qui ont plus reçu que donné, et qui peuvent encore trouver du plaisir dans les doux souvenirs d'amour, fussent-ils même accompagnés de regrets! Une tristesse qui n'est pas sans charmes émeut doucement le cœur, lorsqu'on entend le récit des chagrins et du bonheur de la jeunesse. Ces fleurs, maintenant fanées, on se rappelle combien elles étaient fraîches et brillantes. Mais ceux pour qui elles sont devenues des épines acérées, et pour qui ce souvenir est un malheur... Non, je ne veux pas rouvrir leur blessure; qu'ils se contentent de savoir qu'au château de Ringstetten on n'était pas plus heureux qu'ils ne l'ont été. La pauvre Ondine gémissait de n'être plus aimée, et les deux perfides n'étaient guère plus contens; à la moindre contrariété que Bertha éprouvait, elle en accusait la jalousie d'une épouse qui se croyait offensée. Elle avait insensiblement pris un ton et des manières despotiques, auxquelles Ondine cédait toujours avec une modeste, mais triste résignation, et qu'Huldbrand appuyait et soutenait d'une façon très-décisive. Ce qui troublait surtout les habitans du château, c'étaient toutes sortes d'apparitions singulières qu'Huldbrand et Bertha rencontraient dans les longs corridors, et dont jamais on n'avait entendu parler auparavant. Le grand homme blanc, dans lequel tous les deux reconnaissaient très-bien l'oncle Fraisondin, se présentait à eux d'un

air menaçant, particulièrement à Bertha ; de sorte que déjà plusieurs fois elle avait été malade de frayeur, et qu'elle parlait souvent de quitter le château. Mais elle aimait le chevalier, et se reposait sur son innocence ; car, s'il y avait beaucoup d'amour mutuel, ils ne s'en étaient jamais fait l'un à l'autre un aveu positif, et se contentaient de soupirs et de doux regards. D'ailleurs, Bertha ne savait où aller ; le vieux Ulrich avait répondu au message que lui avait envoyé le seigneur de Ringstetten, pour lui faire savoir que sa fille Bertha était chez lui, par quelques lignes presque illisibles tracées par une main qui n'avait jamais été bien habile dans cet art encore assez peu exercé, et que l'âge avait affaiblie. Ces lignes disaient : « Je suis main-
« tenant un pauvre veuf ; ma bonne chère
« femme Marthe est défunte ; et quoique je
« vive seul et délaissé dans ma cabane, j'aime
« mieux que Bertha n'y vienne pas à présent,
« et qu'elle reste avec ses nobles amis et pro-
« tecteurs, pourvu toutefois qu'elle ne fasse
« aucun chagrin à ma chère Ondine. Si cela
« arriverait, je lui donnerais ma malédiction. »
Bertha n'eut aucun égard à cette menace, mais elle fit beaucoup d'attention à l'ordre de

son père de rester où elle était. Ainsi que cela arrive d'ordinaire, on est docile pour ce qu'il nous convient de faire; Bertha, en restant près de son amant et désolant son amie, se disait : « J'obéis à mon père; il ne veut pas m'avoir près de lui. »

Un jour qu'Huldbrand était sorti à cheval, Ondine fit rassembler tous ses serviteurs, et leur ordonna d'apporter une grosse pierre et d'en couvrir soigneusement un grand et magnifique puits qui se trouvait dans la cour du château, toujours plein jusqu'au bord d'une eau très-claire. Ses serviteurs lui représentèrent combien cette espèce de fontaine ou de réservoir était commode pour eux; lui dirent qu'ils seraient obligés, si on le fermait, d'aller chercher l'eau bien loin dans le vallon au pied de la montagne, et qu'agitée par ce trajet, elle ne serait plus aussi fraîche. Ondine sourit tristement, et leur dit avec sa bonté accoutumée : « Je suis bien fâchée, mes amis, du surcroît de peine que cela vous donnera; je voudrais pouvoir aller moi-même remplir les vases au vallon, et les apporter ici pour vous soulager; mais il faut absolument que mon ordre s'exécute, et que cette fontaine soit fermée. Croyez-m'on sur parole ; j'évite par cela de bien plus grands malheurs qu'un peu de fatigue et une boisson un peu moins fraîche. »

Alors tous les domestiques s'empressèrent d'obéir à leur bonne maîtresse, et ne répliquèrent plus rien. Ils allèrent chercher un quartier de pierre immense, qu'ils soulevèrent avec zèle, et qu'ils allaient poser sur le bassin, comme le voulait Ondine, lorsque Bertha en fureur accourut, et leur cria d'arrêter. « Je me sers, dit-elle, de cette eau pour me laver : elle est si avantageuse à mon teint, que je ne souffrirai certainement pas qu'on ferme le puits. » Mais cette fois Ondine, contre son habitude, persista avec fermeté, quoiqu'avec sa bonté accoutumée. Elle dit qu'étant maîtresse du château, elle avait seule le droit de régler son ménage et les affaires de sa maison comme elle le croyait le plus convenable d'après sa conviction, et qu'elle n'avait à en rendre compte à personne qu'à son mari, son seigneur et son maître.

« Voyez donc ! voyez ! s'écria Bertha avec un dépit mêlé d'effroi, voyez cette belle eau comme elle s'agite et bouillonne, parce qu'on veut la soustraire aux rayons du soleil et l'empêcher d'être utile aux humains, tandis qu'elle a été créée pour les désaltérer et leur servir de cosmétique et de miroir ! » En effet, l'onde murmurait singulièrement au fond du bassin ; elle s'élevait presque jusqu'aux bords : on aurait dit qu'elle faisait des efforts pour en sortir. Mais Ondine, sans paraître effrayée de ce phénomène, n'en insista que plus sur la prompte exécution de ses ordres. A peine eut-elle besoin de les répéter ; les domestiques du château avaient autant de plaisir à obéir à leur bonne maîtresse qu'à résister à l'arrogance opiniâtre de Bertha ; de sorte que malgré les menaces et les injures de cette dernière, la pierre fut bientôt posée sur l'ouverture du puits. Ondine s'appuya dessus en silence, et traça avec son doigt quelques figures sur la surface de la pierre. On aurait dit qu'elle avait dans la main un outil mordant, car les signes restèrent gravés. Lorsqu'elle s'en alla, tous les assistans se rapprochèrent, et remarquèrent des caractères particuliers qu'aucun d'eux n'avait vus auparavant sur cette pierre.

Le soir, lorsqu'Huldbrand revint, Bertha alla au-devant de lui sur le perron, en fondant en larmes, et faisant des plaintes amères sur les mauvais procédés que celle qui s'était dite son amie avait pour elle. Il jeta un regard sévère sur Ondine, qui baissa tristement les yeux. Cependant elle dit d'une voix douce et avec un air soumis : « Monseigneur et maître ne gronde pas même un de ses serfs sans l'avoir entendu; il ne traitera pas sa femme avec plus de rigueur.

— Eh bien! dit le chevalier d'un air sombre, explique donc les motifs de ta singulière conduite!

— Je voudrais ne le dire qu'à toi seul, reprit Ondine en soupirant.

— Tu peux parler en présence de ton amie Bertha.

— Oui, si tu me l'ordonnes; mais, je t'en supplie, ne me l'ordonne pas, mon ami. » Elle dit ces paroles d'un ton si humble et si tendre, que le cœur du chevalier en fut touché comme si un souvenir du temps passé avait pénétré dans son âme. Il la prit tendrement dans ses bras, en lui disant : « Qu'il soit fait comme tu le désires ! » et il la conduisit dans son appartement, où elle parla ainsi :

« Tu connais mon oncle Fraisondin; tu l'as vu dans la forêt, et souvent encore dans les corridors de ce château, où il a tellement effrayé Bertha qu'elle en a été malade. Tu sais qu'il n'a point d'âme ; c'est un simple miroir qui réfléchit les impressions des objets extérieurs, mais qui ne peut rendre ni comprendre aucun sentiment intérieur, parce qu'il n'éprouve pas ceux que nous ressentons. Il m'aime à sa manière, par habitude et par instinct, mais sans savoir rien faire pour mon bonheur, qu'il trouble, au contraire, continuellement par son inquiétude sur mon sort. Moi qui depuis si peu de temps appartiens à ta nature, je suis encore bien imparfaite. Souvent tu dois être mécontent de ta compagne ; et quand cela t'arrive, je suis assez faible pour pleurer comme un enfant. Bertha, plus sage que moi, rit peut-être dans le même instant. Fraisondin s'imagine alors toutes sortes de choses extravagantes ; il accuse de mes larmes ce qui m'entoure, et se mêle bien mal à propos de ce qui ne le regarde plus. J'ai beau le gronder ou le supplier de ne plus revenir parmi nous, j'ai beau lui jurer que je suis heureuse d'être ta femme et d'avoir une âme, il n'y fait nulle attention, il ne croit pas ce que je lui dis. Cette pauvre créature imparfaite ignore complètement que peines et plaisirs d'amour se ressemblent, se touchent de si près, et se compensent si bien, qu'aucun pouvoir humain ne peut les séparer. L'amour ne peut exister sans profond chagrin et sans bonheur suprême ; et les larmes ne sont pas toujours un signe de douleur. » En disant ces mots, ses beaux yeux en étaient remplis, et cependant elle regardait Huldbrand avec tant de tendresse et un sourire si doux, qu'il sentit renaître dans son cœur tout le feu de l'amour qu'il avait ressenti pour cette femme angélique : elle le vit, le serra avec transport contre son cœur, et continua avec l'accent du contentement : « Puisque cet ennemi de notre repos n'a pas voulu se laisser renvoyer, j'ai été obligée de lui fermer la porte : la seule entrée par laquelle il puisse pénétrer chez nous est cette fontaine dans la cour du château. Il est brouillé avec les ondins des autres sources de cette contrée. Dans les vallées les plus rapprochées, il n'y a ni ruisseau ni fontaine par où il puisse entrer. Ce n'est que là-bas sur le Danube qu'il peut exercer son pouvoir, et c'est par ce motif que j'ai fait rouler cette grosse pierre sur l'ouverture du puits et que j'y ai tracé des caractères qui anéantissent toute la puissance de cet oncle courroucé ; de sorte qu'à présent il ne peut plus t'apparaître ni se montrer à Bertha ou à moi. Mais ces hiéroglyphes sont sans pouvoir sur les hommes, et tu peux, si tu le veux, faire lever cette pierre. Tu es donc le maître d'accorder à Bertha ce qu'elle désire si vivement; mais c'est à elle surtout qu'en veut le malin Fraisondin; et si ce dont il m'a menacée arrive, tu ne serais pas toi-même sans danger. »

Huldbrand fut pénétré jusqu'au fond du cœur de la délicatesse et de la générosité de sa charmante épouse, qui se privait volontairement de son redoutable protecteur pour préserver sa rivale de sa colère, et restait exposée à ses reproches et à ses insultes. Il l'embrassa tendrement, et lui dit : « La pierre restera sur la fontaine ; je veux, je prétends que tout se fasse et soit ici comme tu le voudras, ma chère et généreuse Ondine. »

Ravie d'entendre ces paroles d'amour, dont elle avait été privée si long-temps, elle lui rendit les plus tendres caresses, et lui dit enfin : « Mon bien-aimé, puisque tu es aujourd'hui si bon, j'oserai t'adresser encore une prière. Vois, mon Huldbrand, tu ressembles à l'été lorsqu'il est dans toute sa gloire et sa splendeur ! Il se couvre quelquefois de nuages; l'orage éclate, l'éclair brille, le tonnerre gronde, et c'est alors que cette saison paraît la plus belle, la plus majestueuse, et que l'on est le plus pénétré de sa beauté, lorsque le ciel devient pur et serein : c'est ainsi que quelquefois tu t'irrites contre ta pauvre Ondine ; tes yeux jettent des éclairs, ta bouche tonne, et cela te va bien, quand même je suis assez folle pour en pleurer. Tu as l'air d'un dieu sur la terre ; je verse des larmes, je te crains, mais en même temps je t'adore ! La seule grâce que je te demande, c'est de ne jamais te courroucer contre moi ou me réprimander lorsque nous serons sur l'eau, ou même au bord de quelque ruisseau ou d'une fontaine ; mes parens reprendraient sur moi tous leurs droits ; et, dans leur colère, ils m'arracheraient de tes bras, parce qu'ils croiraient leur race offensée. Je serais obligée de rester toute ma vie sous les ondes dans leur palais de cristal ; je n'oserais revenir sur la terre ; et s'ils m'y renvoyaient.... grand Dieu ! combien ce serait malheureux encore pour nous deux ! Non, non, mon ami, si tu aimes ton Ondine, accorde-lui ce qu'elle te demande ! gronde-moi sur la terre si tu veux et si je le mérite, mais jamais, jamais sur les eaux ! »

Huldbrand promit solennellement à sa femme de ne plus la gronder ni sur la terre ni sur les ondes, si jamais ils naviguaient ensemble. « Comment pourrais-je te gronder, mon Ondine, toi, douce comme un agneau? il faudrait être bien injuste et bien méchant! S'il m'est arrivé de l'être, je t'en demande pardon, je ne le serai plus. » Ondine était au comble du bonheur. Ils sortirent de l'appartement bien contens, et s'aimant plus que jamais.

Ils rencontrèrent Bertha, accompagnée de quelques manœuvres qu'elle avait fait appeler. Elle leur dit avec ce ton sec et impératif qu'elle avait adopté depuis quelque temps, et auquel elle joignit une forte nuance d'ironie : « Eh bien! cette éternelle conversation si mystérieuse est-elle finie? Je pense qu'à présent je puis faire ôter cette pierre? Allons, ouvriers, à l'ouvrage, enlevez-la promptement! » Le chevalier, révolté de cette insolence, répondit en peu de mots, et avec un ton très-sérieux : « Je veux que cette pierre reste sur le puits où ma femme l'a fait placer, et je défends qu'on la touche. » Il s'approcha ensuite de Bertha, lui reprocha assez vivement sa violence et son arrogance, en lui déclarant qu'Ondine était seule maîtresse au château. Les ouvriers s'en allèrent en souriant malignement; Bertha, pâle de chagrin et de colère, sortit de l'autre côté, et alla se renfermer dans sa chambre.

L'heure du souper était arrivée, et l'on attendait en vain Bertha; on l'envoya chercher; le page chargé du message trouva la chambre déserte, et rapporta un papier cacheté à l'adresse du seigneur de Ringstetten; il l'ouvrit avec beaucoup de trouble et d'émotion, et lut :

« Je reconnais avec confusion que je ne
« suis que la fille d'un pauvre pêcheur, in-
« digne de la société du seigneur de Ringstet-
» ten et de sa noble dame. Si je l'ai oublié
« quelques instans, je vais en faire pénitence
« dans la cabane de mon père. Soyez heu-
« reux avec votre chère et jolie femme ! »

Huldbrand se frappa le front avec désespoir; Ondine parut profondément affligée. « Non, non, s'écria-t-elle avec l'accent de la terreur, il ne faut pas qu'elle traverse la forêt que Fraisondin habite. » Elle supplia son mari à mains jointes, de courir après son amie. Hélas ! il n'y était que trop disposé; le danger de Bertha réveilla son amour avec plus de violence encore. Il parcourut le château, interrogeant tout le monde sur la route que la belle fugitive avait prise; il ne put rien apprendre; et déjà il était dans la cour avec son coursier, décidé à prendre la route qui conduisait à la ville, et de là à la forêt enchantée, lorsqu'un de ses gens d'armes s'approcha, et lui assura qu'il avait rencontré la demoiselle Bertha dans le sentier qui conduisait à la vallée noire. Le chevalier pique des deux, et part comme un éclair dans la direction qu'on venait de lui donner, sans écouter la voix étouffée de la malheureuse Ondine, qui lui criait : « Dieu! dans la vallée noire! au nom du ciel, Huldbrand, n'y va pas, ou permets que j'y aille avec toi! » Voyant que ses cris se perdaient dans les airs, elle fit en toute hâte préparer sa haquenée blanche, sauta légèrement dessus, et suivit son époux au grand galop, sans permettre qu'aucun de ses serviteurs l'accompagnât.

CHAPITRE XIV.

La vallée noire.

La vallée noire s'enfonçait bien avant dans les montagnes, dont elle était entourée de tous côtés. Les paysans des environs lui avaient donné ce nom à cause de l'obscurité qui y régnait; elle y était produite par les arbres touffus, et particulièrement par les sapins dont elle était couverte. Le torrent même qui la traversait, et qui s'y précipitait du haut des rochers, réfléchissait cette teinte sombre; il paraissait tout noir, et n'avait point cet aspect riant des ruisseaux de la plaine. Au déclin du jour, cette obscurité devenait plus épaisse encore, et toute cette contrée sauvage et profonde était vraiment effrayante. Le chevalier, plein de crainte et d'effroi pour sa belle Bertha, trottait sur les bords du torrent, redoutant également ou de lui laisser prendre trop d'avance s'il ralentissait sa course, ou de ne pas la voir s'il allait trop vite, et qu'elle voulût se cacher derrière les sapins. Il avait cependant pénétré assez avant dans le sombre vallon pour espérer de l'atteindre bientôt s'il était vraiment sur ses traces. L'idée qu'elle aurait peut-être pris une autre route précipitait encore les battemens de son cœur agité.

« Où passera-t-elle la nuit, cette pauvre fille, si je ne la retrouve pas ? » se disait-il dans son inquiétude, augmentée par l'approche d'un orage qui se préparait et menaçait le vallon. A peine pouvait-il voir encore son chemin; cependant il aperçut quelque chose de blanc entre les arbres sur le penchant de la montagne. Il crut reconnaître la robe de Bertha : il voulut s'en assurer, et dirigea son cheval du côté de cet objet; mais cet animal, dressé par lui, et ordinairement assez docile, se refusait absolument à s'avancer de ce côté. Il se cabrait avec tant de violence, que le chevalier, qui ne voulait pas perdre de temps, et qui pensa d'ailleurs qu'il pourrait plus facilement passer au travers des arbres et des broussailles, mit pied à terre, attacha son coursier effrayé à une forte branche, puis chercha à se frayer un chemin dans les buissons. Les rameaux et les piquans des sapins frappaient son front et ses joues; la rosée du soir le pénétrait; le bruit du torrent, accompagné du roulement du tonnerre, des éclairs, qui de temps en temps perçaient le sombre feuillage; tout ce qui l'environnait avait un aspect si étrange et si sauvage, qu'il ne put se défendre d'une soudaine frayeur. Il était cependant parvenu assez près de la figure blanche, et pouvait même voir assez distinctement que c'était une femme évanouie ou endormie, enveloppée de longs vêtemens blancs, tels que ceux que Bertha portait habituellement. Il s'en approcha autant qu'il lui fut possible, secoua les branches, et les frappa doucement de son cimeterre pour la réveiller. Elle ne bougea pas, elle parut ne rien entendre; l'effroi le plus cruel s'empara de l'âme du chevalier, en pensant qu'elle était peut-être morte. « Bertha, chère Bertha ! » dit-il d'abord à voix basse, puis un peu plus haut; et lorsqu'enfin il cria de toutes ses forces ; « Réveille-toi, ma Bertha ! » l'écho répéta Bertha avec un ton étouffé qui paraissait sortir d'une caverne; mais Bertha ne disait rien, et semblait tout-à-fait inanimée. Il se pencha sur elle; l'obscurité ne lui permettait pas de distinguer ses traits. Le chevalier, tourmenté par un doute pénible, allait essayer de la soulever, quand un éclair vint tout-à-coup porter une vive lumière dans le vallon; il vit alors un visage affreux tout près du sien; ce spectre lui dit d'une voix courroucée: « Donne-moi donc un baiser, amoureux chevalier. » Huldbrand se releva en poussant un cri de terreur; la hideuse figure, beaucoup plus grande que lui, se leva aussi, et le suivit. « Retourne chez toi! lui criait-elle, abandonne ta poursuite; retourne à l'instant auprès de ta femme délaissée, ou je m'empare de toi; » et elle étendait vers lui deux grands bras qui paraissaient près de l'atteindre. « Méchant Fraisondin! s'écria le chevalier en retrouvant sa présence d'esprit, c'est toi; je te reconnais, esprit malfaisant, méchant lutin; tiens, voilà le baiser que je te destine. » En disant ces mots, il asséna un coup si furieux de son épée sur cette figure, qu'il crut la partager en deux, et en être à jamais débarrassé; mais elle se dissipa comme un brouillard épais, et une forte ondée qui tomba sur le chevalier et le mouilla jusqu'aux os ne lui laissa pas de doute sur l'ennemi qu'il combattait en vain.

« Il a voulu m'effrayer pour m'empêcher de suivre Bertha, se dit-il tout haut à lui-même; il croit que j'aurai peur de ses sottes lutineries, et que j'abandonnerai à sa vengeance cette jeune infortunée sans défense. Non, je ne te ferai pas ce plaisir, misérable esprit. Fraisondin ! si tu n'as contre moi d'autre arme que tes ondées, je ne te crains pas. Tu ignores ce que peut la volonté humaine, quand elle est ferme et bien prononcée. » En proférant ces paroles, il se pénétrait toujours plus de leur vérité, et sentait renaître tout son courage, ainsi que son amour et son espoir. Il n'avait pas encore rejoint son cheval, lorsqu'il entendit distinctement la voix plaintive de Bertha qui pleurait et gémissait à peu de distance; il l'aperçut au milieu des vents déchaînés et du tonnerre qui grondait toujours davantage. D'une course rapide il vola du côté d'où partait la voix, et trouva bientôt la jeune fille tremblante qui s'efforçait de gravir la montagne pour tâcher de sortir de l'effrayant vallon. Il l'atteignit, l'arrêta; et malgré le dépit, la téméraire fierté qui l'avaient décidée à quitter le château, elle sentit trop vivement le bonheur d'avoir été suivie par son ami adoré, d'être réunie à lui, retirée par lui de cet affreux désert, et ramenée en triomphe dans ce château où elle avait été si heureuse, pour ne pas consentir à le suivre. Elle ne fit aucune résistance; mais elle était si fatiguée qu'elle ne pouvait plus marcher, et qu'Huldbrand eut beaucoup de peine à la conduire près de son cheval. Il le détacha promptement pour le faire monter par la belle fugitive, et le guider par la bride avec précaution dans les noirs défilés et les sentiers étroits; mais l'animal était encore si effrayé que le chevalier lui-même aurait eu peine à se tenir sur la croupe d'un cheval qui se cabrait sans cesse, ruait, résistait et n'était pas tranquille pendant une minute. Il était donc impossible de lui confier la tremblante Bertha, et il fallut se décider à faire à pied le trajet qui devait les ramener au château. Tirant donc avec effort son cheval après lui, le chevalier soutenait de l'autre main sa chancelante amie. Elle rappelait ses forces autant qu'il lui était possible, pour atteindre promptement l'issue de cette horrible vallée; mais la fatigue versait comme du plomb sur tous ses membres. En même temps elle frissonnait, soit de la peur qu'elle avait eue lorsque Fraisondin la poursuivait, soit de celle que lui inspirait l'orage qui mugissait entre les arbres, et qui retentissait dans les cavités des rochers. A la fin, ne pouvant plus du tout se soutenir, elle échappa au bras qui lui servait d'appui, et se laissa glisser anéantie sur la mousse, en prononçant faiblement ces mots : « Seigneur Huldbrand, laissez-moi mourir ici; je porte la peine de mes folies, et je me sens près d'expirer de lassitude et d'effroi.

— Non, non, jamais, ma tendre amie, s'écrie Huldbrand, jamais je ne t'abandonnerai ! » Il chercha encore à apaiser son cheval qui s'agitait et écumait; il fut même obligé de le tenir assez éloigné de Bertha pour la préserver de ses ruades; mais lorsqu'il s'écartait seulement de quelques pas avec sa farouche monture, Bertha le rappelait avec l'accent de la terreur, croyant qu'il allait la laisser seule dans ce désert. Il ne savait absolument plus que faire ni que devenir; il aurait volontiers donné la liberté à son cheval, pour calmer sa fureur en le laissant courir, certain qu'il reviendrait ensuite; mais il craignait que dans cette profonde obscurité il ne courût du côté où était cachée la pauvre Bertha, et le sentier était si étroit qu'il l'aurait infailliblement écrasée; cette idée le faisait frémir.

Dans ce pénible embarras et ces vives inquiétudes, il cherchait à persuader à Bertha de se laisser porter par lui jusqu'au château ; mais elle s'y refusait absolument, lui disant que ses habits, pénétrés d'eau, la rendaient trop pesante, et qu'il ne pourrait venir à bout de la porter aussi loin, lorsqu'ils eurent l'indicible bonheur d'entendre distinctement derrière eux le bruit d'un chariot qui descendait lentement le chemin pierreux de la montagne. Huldbrand appelle *au secours;* une voix d'homme lui répond de prendre patience, et lui promet assistance. Bientôt il put distinguer au travers du branchage deux chevaux blancs et la figure de leur conducteur qui marchait à côté. Il vit aussi sur le chariot le grand drap de toile blanche qui enveloppait les marchandises dont sans doute il était chargé. Les chevaux, obéissans, s'arrêtèrent à la voix de leur guide, qui s'approcha du chevalier et lui aida à apaiser son cheval. « Je sais bien ce qu'a cette bête, dit le charretier; la première fois que j'ai traversé ce pays avec mes chevaux, ils ont fait la même résistance. Cela vient de ce que ce vallon creux est habité par un malin esprit qui s'amuse à jouer des tours aux passans et à les mettre dans l'embarras; mais j'ai appris certain grimoire qui le met à la raison, et si vous voulez me permettre de le dire à l'oreille de votre cheval, il deviendra à l'instant aussi tranquille que les miens. — Essayez vite, » dit le chevalier impatient. Le charretier attira alors à lui la tête du fougueux animal, qui se cabrait encore, et lui marmotta quelques mots dans l'oreille ; subitement il se calma, et devint si tranquille qu'il était comme cloué en place. Il ne lui resta rien de sa fougue précédente que le souffle échauffé de ses narines et sa sueur qui se dissipait en fumée. Huldbrand n'avait pas le temps de questionner l'homme sur ce qu'il avait dit au cheval, quoiqu'il fût assez curieux de le savoir ; mais il lui importait encore plus de tirer sa chère Bertha le plus tôt possible de sa triste situation. Il s'arrangea avec cet homme pour qu'il permît à Bertha de monter sur la voiture chargée, disait-il, de ballots de coton. Il s'offrit de la conduire ainsi jusqu'à Ringstetten. Le chevalier voulait accompagner à cheval ce précieux convoi ; mais son coursier, qu'il aimait beaucoup, paraissait trop épuisé de ses agitations pour porter son maître aussi loin. Il chercha du moins à se le persuader, pour avoir un prétexte de monter sur le chariot à côté de Bertha. Le conducteur lui offrit d'attacher le cheval derrière sa voiture. « Nous arrivons à une descente, dit-il, vous ne fatiguerez pas trop mes chevaux. » Le chevalier se hâta de se placer près de sa bien-aimée, et passa un bras autour d'elle pour la soutenir. Le cheval suivait paisiblement, et le charretier marchait avec précaution en les conduisant. La nuit devenait toujours plus obscure; cependant l'orage se dissipait, et le tonnerre ne grondait plus que dans l'éloignement. Huldbrand et Bertha, se voyant en sûreté, reprenaient leur courage et leur gaîté; ils causaient ensemble avec une amitié qui devenait à chaque instant plus tendre et plus intime. Le chevalier reprochait à la jeune fille son dépit et sa fuite; elle s'excusait avec humilité et repentir, et toutes ses paroles laissaient entrevoir son amour, comme la lueur d'une lampe mystérieuse qui indique à l'amant le lieu du rendez-vous et l'heure du bonheur. Le chevalier saisissait avec transport le vrai sens de ses discours, et y répondait par un langage semblable. « Je suis une folle, je le sens bien, lui dit Bertha, mais je n'ai pu supporter la pensée que vous aimiez Ondine plus que moi. — Je n'aime rien au monde plus que Bertha, » dit le chevalier en la pressant contre son cœur. Tout-à-coup le charretier cria d'une voix aigre : « Holà ! hé ! gare ! allons, mes chevaux, levez le pied ; faites attention où vous êtes. » Huldbrand tourna la tête, et à la faible lueur des étoiles il vit que les chevaux marchaient au milieu d'une eau écumante, et qu'ils étaient presque obligés de nager ; les roues du char étaient à peu près submergées, et roulaient cependant avec vitesse, en faisant le même bruit que des roues de moulin. Le conducteur était monté sur le char, pour éviter les ondes toujours croissantes.

« Quelle est donc cette route ? s'écria Huldbrand. Nous sommes au milieu du torrent.

— Non, seigneur, répondit le charretier en riant, c'est au contraire le torrent qui est venu au milieu de notre chemin. Voyez comme il est débordé de toutes parts dans la vallée ; nous ne pouvons l'arrêter. »

En effet, tout le vallon se remplissait de flots agités qui s'augmentaient à vue d'œil avec un bruit affreux. Huldbrand se rappela tout-à-coup l'inondation qui l'avait retenu dans la presqu'île, et s'écria : « C'est Fraisondin, c'est ce méchant génie aquatique qui veut nous noyer ! Au nom du ciel, ami, ne sais-tu pas encore quelque formule, quelque grimoire pour le conjurer? — Oui, dit le charretier, rien ne me serait plus facile, mais je ne veux pas les dire avant de vous donner à deviner qui je suis et d'où je viens. — C'est bien le moment de s'occuper d'énigmes! dit le chevalier en courroux. Les eaux augmentent à chaque instant, nous allons tous périr! et que m'importe de savoir qui tu es?

— Plus que vous ne le pensez, dit le charretier; et puisque vous ne voulez pas le deviner, je vais vous le dire. Je suis ce Fraisondin dont vous parlez. »

En disant ces mots, il partit d'un grand éclat de rire, et tourna la tête du côté de la voiture en tirant la langue d'un pied. Au même moment, le char, les ballots, les chevaux disparurent; tout cela fondit en eau, et se mêla parmi les flots irrités. Le charretier même devint une énorme vague qui engloutit bientôt le beau cheval d'Huldbrand, malgré ses vains efforts pour lui échapper. Une voix sourde sortait de la vague, et murmurait: « *A ton tour, couple amoureux.* » Elle s'éleva comme une tour liquide au-dessus des malheureux voyageurs.

Bertha entourait de ses bras le chevalier,

qui s'efforçait de nager; mais n'apercevant point de bord ni de rivage, ils allaient être ensevelis sous la vague menaçante, quand tout-à-coup la douce et mélodieuse voix de la bonne Ondine se fit entendre au milieu de l'affreux tumulte des élémens. Au même instant la lune parut au travers des nuages, et laissa voir en entier la belle et noble figure de la dame de Ringstetten sur les hauteurs qui dominaient la vallée. Son bras étendu semblait commander aux ondes; elle leur ordonnait, dans la langue des ondins, de se retirer; mais il était facile d'entendre qu'elle les grondait et les menaçait. Dès les premiers mots qu'elle prononça, la terrible vague disparut, et se dissipa en murmurant. Les eaux s'apaisèrent, et commencèrent à s'écouler doucement dans leur lit accoutumé. En même temps Ondine, semblable à une blanche colombe, se détacha de la haute colline, et sans ailes fondit doucement dans le vallon : elle paraissait être soutenue dans les airs. Huldbrand et Bertha étaient tous deux sans connaissance au bord du torrent. Elle les emporta aussi légèrement qu'elle était descendue, au haut de la montagne, où elle les posa sur le gazon. Elle leur prodigua les soins les plus tendres, les rappela à la vie, et dissipa leur frayeur; puis elle aida son mari à faire monter Bertha sur la haquenée blanche qui l'avait amenée; et c'est ainsi qu'ils revinrent tous les trois à Ringstetten.

CHAPITRE XV.

Voyage sur le Danube

Depuis ces événemens, on vivait tranquillement et en paix au château. Huldbrand appréciait toujours de plus en plus la bonté angélique de sa femme, qui venait de se manifester d'une manière si frappante, en volant après lui et Bertha dans la vallée noire, et en les arrachant à la colère et au pouvoir de Fraisendin. Ondine elle-même jouissait du calme et de la confiance qu'éprouve toujours le cœur lorsqu'il sent qu'il est dans la bonne route. L'amour renaissant de son mari, l'estime qu'il lui témoignait, remplissaient son âme de bonheur et d'espérance. Bertha aussi se montrait reconnaissante, douce, timide même, sans avoir l'air de vouloir s'en faire aucun mérite. Lorsque l'un des deux époux voulait discourir au sujet de la fontaine couverte, ou des aventures de la vallée noire, elle les suppliait de n'en pas parler, parce que, disait-elle, l'histoire de la fontaine lui

donnait trop de remords et de confusion, et
celle de la vallée renouvelait trop les frayeurs
mortelles qu'elle y avait éprouvées. Elle n'apprit donc rien de plus à cet égard, ni sur les
moyens qu'Ondine avait employés pour les
délivrer, et cela n'était point nécessaire. La
paix et le bonheur avaient maintenant établi
leur résidence au château de Ringstetten, et
on les y croyait fixés pour jamais. Ils aimaient
tous à se persuader que leur vie ne produirait
plus désormais que des fleurs agréables et
des fruits délicieux.

C'est ainsi que l'hiver se passa, et bientôt
le printemps se montra à ces heureux mortels
avec son ciel pur et azuré, ses prairies verdoyantes et ses arbres blancs de fleurs. Toute
la nature était en mouvement; les oiseaux
arrivaient de tous côtés à tire d'ailes, et célébraient, par leurs chants joyeux, la renaissance de la saison d'amour. En voyant voler
les cigognes et les hirondelles, les trois amis
prirent envie de voyager gaîment vers les
sources du Danube. Huldbrand leur parla de
la gloire de ce superbe fleuve, qui, après avoir
parcouru des pays pittoresques et fertiles, va
baigner les murs de la splendide ville de
Vienne, et devient, à chaque pas de sa course

rapide, plus beau, plus puissant, plus majestueux. « Ce serait charmant, dit alors Bertha, de naviguer tous trois ensemble sur ses flots jusqu'à Vienne. » Mais à peine eut-elle dit ces mots, qu'elle eut l'air de s'en repentir. Elle rougit jusqu'au blanc des yeux, qu'elle baissa humblement, et se tut. Ondine en fut touchée, et sentit aussi un vif désir de procurer ce plaisir à son amie. « Qu'est-ce qui nous empêcherait, dit-elle, de faire ce voyage, si nous en avons envie? » Bertha fit un cri de joie, et vint l'embrasser. Elles commencèrent à s'entretenir ensemble de ce projet et du plaisir qu'elles auraient à voguer sur ce beau fleuve. Huldbrand y consentit d'abord, et paraissait en être enchanté; cependant, au bout d'un moment, il dit tout bas à sa femme d'un air inquiet : « Mais, chère Ondine, en descendant le Danube, nous retomberons sous le pouvoir de Fraisondin.

— N'aie pas peur, reprit-elle; puisque j'y suis, tu n'as rien à craindre. L'âme que tu m'as donnée me met au-dessus de lui et de tous les ondins. Qu'il vienne seulement, il n'osera nous faire aucun mal, et nous rirons de ses innocentes malices, qui cesseront même au moment où je parlerai. O mon Huldbrand!

aime toujours ton Ondine, et tu n'as rien à craindre ; mais si jamais.... » Elle n'acheva pas ; un voile de douleur et de terreur se répandit sur ses traits ; elle pressa son époux dans ses bras, comme si elle voulait resserrer leur lien. « Jamais ! répéta Huldbrand avec tendresse. » Le seul obstacle à leur voyage étant levé, on fit les préparatifs du départ, et l'on se mit en route, le cœur content, l'esprit gai et rempli des plus douces espérances.

Pendant les premiers jours de leur navigation, les voyageurs furent parfaitement heureux ; aucun nuage ne s'éleva ni dans le ciel ni dans leur cœur. Les bords du fleuve sur lequel leur barque se balançait mollement, devenaient, à mesure qu'ils avançaient, toujours plus beaux et plus attrayans. Leurs cœurs, doucement émus, étaient agités des plus doux sentimens. Huldbrand était très-amical avec Bertha et tendre avec son Ondine. Ses regards allaient de l'une à l'autre de ces deux femmes, toutes les deux si belles dans des genres différens. Ondine était blonde, délicate, svelte ; tous ses mouvemens avaient une grâce infinie ; et ses traits, d'accord avec son âme, pénétraient au fond du cœur, en annonçant la bonté la plus parfaite et la sensibilité la plus touchante. Bertha, plus brillante, mais moins attachante, était brune ; ses grands yeux noirs étaient pleins de feu, et quelquefois avaient une expression de mélancolie, et décelaient une passion intérieure et profonde qui n'était pas sans danger pour celui qui l'inspirait et la partageait plus qu'il ne se l'avouait à lui-même. Aussi s'oubliait-il quelquefois en la regardant ; si bien que Bertha, craignant que son émotion ne la trahît, allait embrasser son amie ; Huldbrand l'embrassait aussi, et redoublait, comme par expiation, de tendresse pour Ondine. Celle-ci en jouissait avec délices, et leur rendait leurs caresses. Elle était trop simple, trop bonne, trop confiante pour se défier de ceux qu'elle aimait.

Tout alla bien, du moins en apparence, tant qu'ils ne furent pas sur les domaines aquatiques de Fraisondin : mais tout-à-coup, dans une contrée délicieuse dont l'aspect leur promettait les plus douces jouissances, ce malin esprit des eaux, dont le pouvoir commençait à cette place du fleuve, se hâta de les harceler par mille et mille espiégleries, que sa nièce Ondine faisait cesser en grondant dès que les flots s'agitaient autour de leur barque. Leur ennemi cédait à son autorité; mais bientôt il renouvelait ses attaques, et il fallait que la pauvre Ondine recommençât sans cesse ses prières et ses menaces, ce qui troublait à chaque instant le repos de leur petite société. Les bateliers aussi commençaient à chuchoter entre eux en regardant ces trois voyageurs avec une méfiance que même leurs propres serviteurs n'étaient pas loin de partager. Ils redoutaient une maligne influence, et jetaient sur leur maître des regards inquiets. Huldbrand ne pouvait s'empêcher de se dire intérieurement: « Voilà ce que c'est que de ne pas s'associer à ses égaux! voilà le résultat de l'union d'un homme avec un génie! » Cependant, honteux de ce reproche qu'il se faisait intérieurement à lui-même et à son aimable compagne, il se disait : « Mais j'ignorais, quand j'ai épousé Ondine, qu'elle fût un être d'une autre nature que moi. Elle a pris la mienne en m'épousant; elle s'est donnée entièrement à moi, elle a renoncé à tous les siens. Sans doute c'est un malheur que d'être sans cesse harcelé par ses singuliers parens; mais il n'y a là ni de sa faute ni de la mienne. » Cette idée lui redonnait un peu de courage. Cependant, à chaque nouvelle malice de

Fraisondin, il reprenait sa mauvaise humeur, et se détachait toujours davantage de son innocente compagne. Il lui lançait souvent des regards sombres et pleins de dépit, qu'elle ne comprenait que trop bien. Elle s'en affligeait, et redoublait de soins et d'attention pour éloigner son oncle le cruel Fraisondin, sans cesse aux aguets pour surprendre un moment où elle ne pût ni le voir ni le conjurer.

Un soir, fatiguée des peines qu'elle s'était données, et plus encore de son chagrin intérieur, qui la privait du sommeil, elle céda, malgré ses efforts, à un assoupissement involontaire. Mais à peine eut-elle fermé les yeux, que chacun de ceux qui étaient dans le bateau crut voir au-devant de soi, sur la surface de l'eau, une épouvantable figure humaine, qui levait sa hideuse tête au-dessus des ondes, non comme un nageur, mais verticalement, comme si elle eût été plantée sur le fleuve, et qui suivait toujours la barque à mesure qu'elle avançoit. Chacun voulait montrer à son voisin cette apparition effrayante, et trouvait sur tous les visages la même frayeur. Tous montraient du doigt, dans une direction différente, la place où ils croyaient voir le monstre, qui semblait les narguer et les menacer en même temps. Lorsqu'on eut la force de parler, on cria de tous côtés : « C'est là ! non, là ! » Enfin chacun vit les affreuses figures qui épouvantaient les autres, et en moins de rien le bateau fut entouré de ces hideuses têtes, au point qu'il ne pouvait plus avancer. Ondine s'éveilla aux cris de terreur que leur aspect fit pousser ; mais dès qu'elle eut ouvert les yeux et tourné ses regards sur l'eau, les hideuses têtes disparurent.

Huldbrand était révolté à l'excès de tous ces enchantemens ; il ne pouvait plus supporter ni la pensée ni le nom de Fraisondin, et il était sur le point d'exhaler sa colère par les plus terribles imprécations ; mais Ondine le regardait d'un air si tendre et si suppliant ! Elle s'approcha de lui, et, joignant les mains, elle lui dit tout bas : « Au nom du ciel, mon ami ! pense que nous sommes sur l'eau ; ne me gronde pas, je t'en conjure. » Le chevalier se retint ; mais sans lui répondre un seul mot, il s'assit, plongé dans les plus tristes réflexions. Ondine se pencha encore vers lui, et lui dit : « Ne vaudrait-il pas mieux, ô mon époux chéri, renoncer à ce funeste voyage, et retourner à Ringstetten, où nous serions en sûreté? » Huldbrand lui répondit avec une colère concentrée : « Il faut donc que je vive éternellement prisonnier dans mon château? encore ne puis-je y respirer en paix qu'autant que ma belle fontaine est couverte. Je voudrais que tous vos extraordinaires parens, et surtout... » Ondine posa vivement sa main sur la bouche de son mari pour l'empêcher d'achever. Il se tut; mais il repoussa cette main et réfléchit en silence.

Cependant Bertha se livrait aussi à des idées vagues et pénibles sur l'influence que cet oncle Fraisondin avait encore sur son sort. Elle croyait que personne ne se doutait de son amour pour le chevalier, parce qu'elle ne l'avait confié à personne : mais l'amour peut-il rester ignoré? ne se trahit-il pas de mille et mille manières ? Le regard, la rougeur, la respiration, le silence, le son de la voix, la rêverie, tout, tout le décèle, et plus on fait d'efforts pour le cacher, plus on le découvre. Absorbée dans ses pensées, elle était assise au bord de la barque, et tenait à la main une chaîne d'or qu'Huldbrand avait achetée d'un marchand ambulant qu'ils avaient rencontré dans leur voyage, et dont il lui avait fait présent pour la mettre à son cou. Elle l'avait prise pour l'y placer, et la tenait entre ses doigts au-dessus de l'eau, en s'amusant du reflet de l'or sur les ondes colorées par les derniers rayons du soleil. Ce cadeau de son ami était sans prix pour elle ; elle l'admirait en pensant à celui qui le lui avait donné, lorsque tout-à-coup il sortit de l'eau une grosse main qui lui arracha cette belle chaîne et se replongea dans les flots. Bertha jeta un grand cri, auquel on répondit du fond de l'eau par un rire moqueur. Alors le chevalier ne fut plus maître de retenir sa colère ; il se leva en fureur, et répandit un torrent d'invectives et d'injures en s'adressant aux ondes. Il maudit tous ceux qui voulaient s'introduire malgré lui dans sa famille, troubler sa vie et injurier ses amis. Il provoqua tous les ondins de venir l'un après l'autre se mesurer avec lui. Bertha pleurait amèrement le bijou chéri qu'elle avait perdu, et, versant ainsi de l'huile sur le feu, augmentait le courroux d'Huldbrand. Ondine pleurait aussi à chaudes larmes, mais en silence, et regrettait bien autre chose qu'un bijou, le cœur d'un époux adoré, qu'on ne pouvait lui rendre. Au milieu de ses larmes, elle murmurait doucement des paroles inintelligibles, en regardant le fleuve, dans lequel elle avait plongé sa main droite. De temps en temps elle interrompait ce monologue pour dire à Huldbrand du ton le plus touchant : « Mon cher mari, mon tendre ami, ne me gronde pas ici, ni mes parens non plus, je t'en conjure ! Tu sais bien ce que je t'ai dit ; réserve toute ta colère contre moi et contre eux pour le temps où nous serons sur la terre ; mais ne t'y livre pas dans ce moment, je t'en supplie ! » En disant cela, elle ressortit sa main de l'eau, et montra un magnifique collier de coraux tellement brillant, que tous les yeux en furent éblouis. « Tiens, dit-elle en le présentant avec amitié à Bertha, je t'ai fait apporter ce collier en place de celui qu'on t'a pris : ne t'afflige plus, chère enfant, celui-ci te siéra tout aussi bien. » Mais le chevalier, furieux de ce que sa femme était encore en relation avec les ondins, s'élança entre elles deux, arracha le collier de coraux de ses mains avec fureur, et le jeta dans l'eau, en criant avec rage : « Tu as donc encore des rapports avec cette race abominable d'esprits malfaisans. Eh bien ! reste avec eux, toi et tes présens ; je suis un homme, et ne veux vivre qu'avec des êtres de mon espèce. Au nom de tous les sorciers, éloigne-toi, et laisse-nous en paix, esprit trompeur. »

Ondine le regardait d'un œil immobile, mais noyé de larmes; sa main blanche, qui avait présenté le collier à Bertha, était encore étendue. Ses pleurs éclatèrent en sanglots déchirans comme ceux d'un enfant qu'on a réprimandé sans qu'il le mérite. Enfin elle dit d'une voix faible : « Adieu, mon bien-aimé Huldbrand, adieu, adieu ! ils ne te tourmenteront plus; mais sois fidèle à la mémoire de ton Ondine, pour que je puisse encore les empêcher de te faire du mal. Hélas ! il faut que je te quitte, puisque c'est toi qui l'as ordonné; il faut que je parte pour toujours, pour tout le reste de ma trop jeune vie. Hélas ! hélas ! Hulbrand, qu'as-tu fait ? Adieu, adieu ! » Et on la vit disparaître sans savoir si elle avait glissé sur le bord de la barque, si elle était entrée dans les ondes, ou si elle s'était fondue en eau. On pouvait croire tout cela sans en être assuré; mais on ne l'était que trop qu'il n'y avait plus nulle trace de cette femme adorable ni en dedans ni en dehors du bateau. Elle s'était bientôt confondue avec les flots du Danube. Cette figure délicieuse était anéantie. On entendait seulement de petites vagues murmurer contre l'esquif du côté où était Huldbrand. Leur bruit ressemblait encore à des sanglots, au milieu desquels on pouvait distinguer ces mots : « Adieu, adieu ; sois fidèle, adieu...... » Huldbrand tomba baigné de larmes sur le tillac ; et bientôt un profond évanouissement lui donna quelques instans de repos.

CHAPITRE XVI.

Regrets d'un mari qui perd sa femme.

Est-ce un bonheur, est-ce un malheur que l'affliction des hommes soit passagère et s'efface avec le temps ? Quand j'exprime ce doute, qui peut paraître extraordinaire, je veux parler de ces chagrins profonds et réels qui partent des sources de la vie, et nous laissent sans espoir et sans consolation. Il n'en est qu'un seul de ce genre; c'est la perte d'un objet chéri. Dans les premiers temps, la douleur se confond si intimement avec cet objet, son souvenir est encore si vivant, qu'on ne l'a pas perdu. Il existe encore pour nous par ce lien d'affliction, par nos regrets, par la pensée continuelle, par ce culte sacré que l'on voue à sa mémoire, et que l'on se promet de conserver jusqu'à ce que la barrière qu'il a franchie s'ouvre aussi pour nous. Il se trouve sûrement quelques bons et sensibles humains qui restent long-temps les prêtres de ce culte; mais cependant, même chez les plus fidèles, ce n'est plus cette douleur si profonde des premiers jours, qui ne permettait plus aucune distraction, où l'on se retraçait chaque trait, chaque discours, chaque action de l'objet regretté, comme s'il était encore présent. D'autres pensées étrangères s'insinuent malgré nous dans notre imagination. L'image chérie s'éloigne toujours de plus en plus, s'efface peu à peu, finit enfin par disparaître; et c'est alors qu'on l'a complètement perdue. Rien ne prouve mieux l'instabilité des choses d'ici-bas que celle de la douleur, que l'oubli ou le remplacement d'un être qu'on a passionnément aimé.

Voilà ce qu'éprouva pleinement le sire de Ringstetten, et nous verrons si ce fut pour son bonheur. Au commencement il ne pouvait faire autre chose que de pleurer sa pauvre et douce Ondine, perdue pour jamais. Sans cesse elle était devant ses yeux au moment où il lui arracha le beau collier avec lequel elle espérait tout réparer. Il la voyait, une de ses belles mains étendue, l'autre posée sur son cœur oppressé; il entendait ses sanglots si déchirans et ses adieux si touchans. Alors il étendait aussi la main comme pour la retenir, il sanglotait aussi; il aurait voulu se fondre en eau comme elle à force de la pleurer ; et quelques-uns de nous, dans les premiers momens d'une grande douleur, n'ont-ils pas eu cette idée, à la fois pénible et consolante? Bertha pleurait avec lui, car elle l'avait suivi au château. Réunis par les mêmes regrets, ils n'eurent pas la pensée de se séparer ; et cependant il ne s'y mêlait alors rien qui eût le moindre rapport à leur inclination mutuelle ; ou du moins ils ne se l'avouaient pas, et plaçaient toujours entre eux le nom et le souvenir de leur chère Ondine, dont ils s'occupaient sans cesse. D'ailleurs les regrets amers de tous les serviteurs, qui ne cessaient de parler de leur bonne maîtresse, les auraient empêchés de l'oublier.

Souvent aussi Ondine se présentait dans les songes du chevalier ; elle lui faisait les plus douces, les plus tendres caresses, et puis elle s'éloignait lentement de lui en pleurant ; et lorsqu'en s'éveillant il sentait ses joues humides, il ne savait si c'était de ses propres larmes ou de celles de son Ondine. Mais avec le temps ces rêves devinrent plus rares : le chagrin du chevalier s'affaiblissait. Il avait pourtant encore cette douce mélancolie qui suit les grandes peines, et qui n'est pas sans charmes. Sa plus grande jouissance était de s'entretenir de son Ondine avec Bertha. Il n'avait pas encore cherché au fond de son cœur si le plaisir d'en parler avec elle y entrait pour quelque chose, lorsque l'arrivée subite du vieux Ulrich vint l'éclairer sur ses sentimens. Le bon pêcheur avait appris la disparition de la femme d'Huldbrand, et ne voulait pas permettre que sa fille Bertha restât plus long-temps seule au château avec un homme privé de sa femme. Il venait donc la redemander, user de toute son autorité paternelle. « Je m'embarrasse fort peu à présent, disait-il, que ma fille m'aime ou ne m'aime pas, qu'elle s'ennuie ou s'amuse dans ma presqu'île; mais la décence parle, et tout autre motif doit se taire. »

Cette résolution d'Ulrich fit frémir le chevalier; il ne pouvait supporter la pensée de l'affreuse solitude à laquelle il serait condamné dans les grandes salles de son manoir et sous ces voûtes désertes, lorsque Bertha n'y serait plus. Il avait pris la douce habitude des soins et de l'aimable entretien d'une amie, et du commerce attachant d'une femme. Il ne peut plus s'en passer; et s'il faut perdre encore Bertha, sa seule consolation, son unique amie, la vie lui deviendra insupportable. A force de songer à la perte dont il était encore menacé, celle qu'il avait déjà faite s'effaçait de son souvenir. Tout son ancien penchant pour Bertha se réveilla avec plus de force, après avoir été long-temps comprimé. Il déclara à Ulrich qu'il ne pouvait consentir à s'en séparer, et parla de mariage ; mais le vieux pêcheur fit beaucoup d'objections. Il avait lui-même tant aimé Ondine, qu'il ne comprenait pas qu'on pût l'oublier. Il disait aussi que l'on ne savait pas si cette chère enfant était réellement morte : « Et si en effet, ajoutait-il, ses restes inanimés sont ensevelis au fond du Danube, ou si les flots les ont entraînés dans la mer, ma fille a au moins été une des causes de sa mort ; sa conduite a fait le malheur d'Ondine ; il ne convient pas qu'elle usurpe sa place..... » Mais le sage pêcheur aimait aussi le chevalier ; et Bertha, plus douce, plus soumise, plus tendre même avec lui, reprenait peu à peu tous les droits que la nature lui donnait sur ce cœur paternel. Elle lui avoua tout son amour pour Huldbrand, et le conjura de ne plus s'opposer à son bonheur. Il fut enfin touché de ses larmes, d'autant plus qu'elle en versait aussi sur Ondine, jurait qu'elle la prendrait pour modèle, et saurait comme elle rendre Huldbrand le plus heureux des hommes. Il donna enfin un consentement tacite, puisqu'il n'emmena pas sa fille, qu'il consentit à rester au château, et qu'il ne s'opposa pas à ce qu'un courrier fût envoyé au père Heilman, qui, dans des jours plus heureux, avait béni l'union du chevalier avec Ondine, pour le prier de bénir le second mariage du seigneur de Ringstetten.

A peine ce saint homme eut-il lu la lettre du chevalier, qu'il se mit en route avec beaucoup plus de célérité que n'en avait mis le messager qui était venu le chercher. Lorsque dans sa course rapide la respiration lui manquait, et que ses membres, affaiblis par l'âge, étaient près de lui refuser leur secours, il se disait : « Reprenons courage ; peut-être pourrai-je encore empêcher un grand mal. Plaise à Dieu que je ne succombe pas avant d'avoir atteint le but ! » Puis il se relevait, et marchait encore sans s'accorder un instant de repos, jusqu'à ce qu'il fût arrivé enfin dans le préau ombragé du manoir de Ringstetten. Les deux fiancés étaient assis tendrement, l'un à côté de l'autre, à l'ombre des antiques ormeaux ; le vieux Ulrich était près d'eux, plongé dans ses réflexions. A peine l'eurent-ils aperçu, qu'ils se levèrent précipitamment pour voler à sa rencontre et le saluer ; mais lui, sans dire beaucoup de paroles, voulut entraîner le chevalier dans le château. Huldbrand, surpris, hésitait de le suivre, malgré ses instances. Le prêtre lui dit enfin, en élevant la voix : « Pourquoi insisterais-je, seigneur, pour vous parler en secret ? Ce que j'ai à vous dire regarde Bertha et le vieux pêcheur autant que vous-même. Il vaut mieux entendre aujourd'hui ce que vous seriez obligé d'entendre plus tard. Vous voulez vous remarier, seigneur chevalier ; mais êtes-vous bien sûr que votre première femme soit morte ? Je ne puis le croire. Je ne veux point examiner ce qu'il y avait de singulier en elle, parce que je ne sais rien de positif à cet égard ; mais ce que je sais avec certitude, c'est qu'Ondine était une excellente femme, pieuse, sensible, fidèle ; il n'y a aucun doute là-dessus. Je vous dirai plus : depuis quelque temps je la vois chaque nuit dans mes songes ; elle apparaît près de ma couche. Elle pleure, elle joint les mains, elle me dit : « Empêchez cet hymen, mon père ; au nom du ciel, prévenez ce malheur. Je vis encore ; sauvez son âme, sauvez aussi son corps ; car s'il viole ses premiers sermens....... » Je voyais alors un voile de terreur obscurcir ses beaux traits, et moi-même je m'éveillai saisi de crainte, et ne pouvant comprendre le sens de ces rêves. Mais votre messager est arrivé ; alors tout s'est expliqué, et je suis accouru, non pour unir, mais pour séparer ceux qui ne doivent pas être unis, qui ne peuvent pas l'être. Huldbrand, renoncez à Bertha ; Bertha, renoncez à Huldbrand, il appartient encore à une autre. Regarde-le, Bertha ; ne vois-tu pas le chagrin de la perte qu'il a faite empreint sur ses joues flétries ? Est-ce là le visage rayonnant d'un époux ? Mais il est encore l'époux de ton amie, de celle qui t'a recueillie lorsque tout le monde t'abandonnait. Elle existe ; le ciel m'en instruit, et t'ordonne, par ma voix, de ne pas usurper une place qu'elle peut venir réclamer d'une heure à l'autre. Bertha, même en reposant à côté d'Huldbrand, tu ne serais pas heureuse, et ta conscience te crierait : « C'est la place de son épouse ; ce n'est pas la tienne. »

Les trois auditeurs sentaient au fond de leur cœur que le prêtre avait raison, mais ils étaient décidés à ne pas le croire. Le vieux

Ulrich lui-même était actuellement du parti des amans. Sa fille lui avait persuadé que son honneur et son bonheur exigeaient qu'elle devînt la femme du chevalier; que cette Ondine n'était qu'un être fantastique, une espèce de fantôme évanoui pour jamais. Ils s'élevèrent tous les trois avec vivacité contre les avertissemens salutaires de l'ecclésiastique, et combattirent ses raisons sans parvenir à le convaincre. Les voyant entièrement décidés à se marier, il s'éloigna tristement du château, sans vouloir même accepter de s'y reposer et d'y prendre aucun des rafraîchissemens qu'on lui présentait. Huldbrand se persuada que l'âge affaiblissait son jugement, et qu'il ne savait plus ce qu'il disait. A la pointe du jour il fit chercher un prêtre au couvent le plus voisin, qui promit de venir dans peu de jours bénir son mariage.

CHAPITRE XVII.

Le Chevalier rêve aussi.

En attendant le jour qui devait l'unir à Bertha, le chevalier, triste, agité, inquiet sans savoir pourquoi, cherchait à se distraire par les préparatifs des noces. Des courriers et des pages furent dépêchés de tous les côtés, les uns pour aller à la ville acheter les robes et les joyaux qu'il voulait donner à son épouse; les autres, pour inviter au festin tous les seigneurs et les chevaliers du voisinage. Bertha, qui voulait jouir de son triomphe, et qui croyait effacer par cette fête le souvenir de celle où elle avait été si humiliée, l'avait exigé du chevalier. Il se rappelait alors la modeste cérémonie de son premier mariage dans la presqu'île, sans autre témoin que le vieux pêcheur et sa femme; il se rappelait aussi sa jeune Ondine, si jolie et si naïve, et combien elle était céleste le lendemain de ses noces. « J'ai connu le bonheur des dieux avec elle, pensait-il en soupirant; mais bientôt il s'est évanoui. Cette fois mon bonheur me semble couvert de nuages, et peut-être sera-t-il plus durable. Bertha est belle aussi, mais ce n'est pas Ondine. » Ces idées le suivirent dans son sommeil, si l'on peut donner le nom de sommeil à l'état dans lequel il était. Sa pensée était libre; il sentait battre son cœur, il avait le sentiment de son existence. Lorsqu'il fut sur le point de s'endormir tout-à-fait, une terreur singulière s'empara de lui, et le tint à demi éveillé. Il lui semblait qu'il entendait des sons harmonieux comme le chant du cygne, auxquels se mêlait un bruit léger de vagues doucement émues. Les ailes des cygnes semblaient agiter l'air autour de lui. S'il voulait se soulever et ouvrir les yeux, il ne le pouvait pas; il restait sur sa couche, comme enchaîné dans cet état équivoque entre la veille et le sommeil. Enfin il perdit ses idées, et s'endormit tout-à-fait. Alors il rêva qu'il était enlevé sur les ailes des cygnes; ils continuaient leur belle harmonie en l'emportant doucement au-dessus de la terre et des mers. « Le chant des cygnes annonce la mort, pensait-il en lui-même, mais personne chez moi n'est en danger de mourir : hélas! ma pauvre Ondine a seule quitté cette terre! » Au même instant, un des cygnes dit en chantant: «Huldbrand, *voilà la mer Méditerranée.* » Il regarde, et voit en effet qu'il est au-dessus de la vaste mer, dont les eaux claires et limpides lui permettaient de voir jusqu'au fond comme au travers du cristal le plus pur. Il éprouvait un bien grand plaisir, car il voyait son Ondine assise sous les voûtes liquides, toujours aussi belle que dans les jours de son bonheur : il est vrai qu'elle pleurait amèrement, mais elle n'en était que plus touchante. Il se rappelait alors les premiers jours de leur union dans la presqu'île, et les momens heureux qu'ils avaient passés à Ringstetten au commencement de leur séjour dans ce château. Ondine alors ne pleurait pas, elle n'existait que pour le bonheur, et le répandait autour d'elle. Le chevalier se rappelait chaque heure, chaque instant, qu'il avait passés avec Ondine; mais elle ne paraissait pas le voir. Quelques momens après, Fraisondin s'approcha d'elle, la gronda, lui reprocha ses pleurs (Huldbrand pouvait l'entendre distinctement). « Cet infidèle mortel ne mérite pas une de tes larmes, lui disait-il : ne t'a-t-il pas chassée et renvoyée sous les eaux ? » Alors elle releva la tête, et regarda Fraisondin d'un air si imposant et si fier qu'il en fut effrayé. « Oui, lui dit-elle, mon maître et mon époux a jugé à propos de me renvoyer sous les eaux, mais j'y ai apporté l'âme que j'ai reçue de lui; c'est parce que j'ai une âme que j'ose pleurer, et voilà ce que tu ne peux comprendre. Mes larmes sont aussi une jouissance, car tout est jouissance pour celui qui possède une âme pure et constante. Je sais à présent que mes peines auront une fin, et que mon âme n'en aura jamais; un jour elle sera réunie à la sienne, et ce sera pour l'éternité. » Fraisondin secouait la tête d'un air d'incrédulité, et dit enfin, après un moment de réflexion : « Et cependant, ma nièce, malgré votre âme immortelle, vous n'en êtes pas moins soumise à nos lois; vous les connaissez : si votre époux est infidèle, s'il contracte un nouveau lien pendant que vous vivez encore, vous devez le juger et le condamner; il doit mourir de votre main.

— Il n'est pas marié, dit Ondine; je sais que je remplis encore son cœur et sa pensée.

— Mais il est fiancé, reprit Fraisondin avec un rire moqueur, et dans peu de jours son nouvel hymen sera béni en face de l'Eglise; alors vous ne pourrez plus différer d'aller mettre à mort l'infidèle. — Je ne peux pas y aller, dit Ondine en souriant; n'ai-je pas fait couvrir le puits? ne l'ai-je pas scellé de manière à ce qu'aucun ondin ne puisse y passer? et c'est le seul endroit par où nous puissions arriver à Ringstetten. — Il le fera rouvrir, dit Fraisondin, ou il retournera naviguer sur le Danube; il ne pense plus à tout ce que vous lui avez dit, tant il est occupé de ses nouvelles amours.

— C'est à cause de cette crainte, reprit Ondine en souriant encore au travers de ses larmes, qu'il plane dans ce moment au-dessus de nous, et qu'il entend cet entretien, qui lui servira d'avertissement. J'ai ordonné à mes cygnes de l'amener ici, et ils m'ont obéi. »

Fraisondin leva la tête, regarda avec courroux le chevalier, lui fit des gestes menaçans, frappa du pied, puis s'éloigna au travers des ondes avec la rapidité d'un trait : la rage le fit gonfler, et il devint aussi gros qu'une baleine. Alors les cygnes recommencèrent leur concert; ils agitèrent de nouveau leurs ailes, et s'envolèrent en soutenant Huldbrand, qui croyait planer avec eux au-dessus des montagnes et des rivières; ils le ramenèrent enfin dans son château et sur sa couche, où il se retrouva en s'éveillant. Peu d'instans après son écuyer entra, et lui raconta que le père Heilman était resté dans les environs, qu'il l'avait rencontré la veille dans la forêt, sous une hutte qu'il s'était construite avec des branches d'arbres couvertes de mousse, et qu'il se nourrissait de racines et de fruits sauvages. L'écuyer lui ayant demandé ce qu'il faisait là, puisqu'il ne voulait pas bénir son mariage avec Bertha, il lui avait répondu : « Il y a d'autres cérémonies que celles de l'hymen, que je puis aussi célébrer : si je ne suis pas venu pour les noces du chevalier, on me trouvera ici pour une autre solennité. Attendons en silence les événemens; le plaisir et l'affliction ne sont souvent pas si éloignés l'un de l'autre qu'on le croit. Malheur à celui qui est aveuglé et qui ne veut pas me comprendre ! »

Le chevalier frémit intérieurement de ces paroles mystérieuses, qui semblaient coïncider avec son rêve; mais il aurait regardé comme indigne de lui de témoigner de la crainte, et il était trop avancé pour pouvoir rompre avec Bertha. Elle vint le joindre, rayonnante de parure et de bonheur; le même jour les convives arrivèrent de tous côtés, ainsi que le prêtre qu'on avait mandé. Huldbrand s'efforça de ne plus penser à Ondine, et de n'exister que pour sa charmante Bertha.

CHAPITRE XVIII.

Les secondes noces du Chevalier.

Voulez-vous savoir comment se passa le jour de noces au château de Ringstetten? Représentez-vous une quantité d'objets précieux, brillans, agréables, entassés ensemble, et couverts d'un voile de crêpe qui en laisserait voir, au travers de son noir tissu, toute la magnificence. La fête ne fut cependant troublée par aucune apparition. Nous savons déjà que la pierre posée par Ondine sur le puits mettait le château à l'abri des visites aquatiques; mais Bertha, qui ne le savait pas, ne pouvait s'empêcher de redouter les malices de l'homme blanc : cette crainte même la ramenait malgré elle à penser à cette Ondine dont elle occupait la place. Il semblait aussi au chevalier, à Ulrich, à tous les convives, qu'il manquait à cette fête la personne principale, celle qui naguère faisait avec tant de grâce et de bonté les honneurs de cette même table où elle n'était pas. Dès qu'une porte s'ouvrait, tous les

yeux se tournaient involontairement de ce
coté-là; et lorsque l'on ne voyait entrer que
le maître-d'hôtel avec de nouveaux mets, et
l'échanson avec des vins plus fins, les yeux se
baissaient de nouveau, et l'étincelle de plaisir et de joie qui avait commencé à briller
s'éteignait dans les tristes souvenirs. Chacun
se disait intérieurement : « Hélas! ce n'est
pas elle; nous ne reverrons plus cet être adorable. » La nouvelle épouse ne se livrait pas
à ses pensées; elle seule était gaie; mais cependant elle éprouvait aussi une espèce de
surprise de se voir placée au haut bout de la
table en habits resplendissans, coiffée de la
guirlande d'épouse, tandis que le corps glacé
et inanimé de son amie, qu'elle avait vue si
fraîche et si jeune, *gisait au fond du Danube,
ou était entraîné par le fleuve dans les abîmes
de la mer*. Depuis que son père avait proféré
ces paroles, elles résonnaient toujours à ses
oreilles, et ce jour-là surtout elle en était obsédée. Celles du père Heilman aussi lui revenaient dans l'esprit, quand il lui avait dit :
« Bertha, même aux côtés de Huldbrand, tu
ne seras pas heureuse; car ta conscience te
criera : Ce n'est pas là ta place! »

A peine le jour commençait-il à baisser,

que tous les convives s'éloignèrent, non qu'ils
fussent écartés par l'impatient désir de l'époux, mais ils s'en allèrent comme s'ils eussent été entraînés par un pouvoir irrésistible,
ou dispersés par de noirs pressentimens. En
vain des musiciens faisaient retentir la salle
d'airs de danse; personne ne se souciait de
danser, et bientôt elle fut déserte. Les musiciens, n'ayant plus d'auditeurs pour les
écouter, cessèrent et partirent aussi. Tout
fut triste et silencieux dans le château, comme
si, au lieu d'une noce, il s'apprêtait un convoi
funèbre. L'épouse se retira avec ses femmes
dans son appartement, et l'époux dans le sien
pour se déshabiller. Il ne fut pas question de
troupes joyeuses de jeunes gens qui accompagnent ordinairement les nouveaux mariés
dans la chambre nuptiale. Bertha tâchait de
se distraire : elle se fit apporter les superbes
joyaux, les robes, les voiles brodés dont son
mari lui avait fait cadeau, afin de choisir ce
qu'elle avait de plus gai et de plus brillant
pour sa parure du lendemain. Ses femmes
saisirent cette occasion de s'insinuer dans les
bonnes grâces de leur nouvelle maîtresse, et
lui tinrent les propos les plus flatteurs, en
vantant sa beauté, qui, lui disaient-elles, ne

pouvait être comparée à celle d'aucune autre personne dans le monde. Bertha les écoutait avec un grand plaisir; mais, voulant faire la modeste, elle jeta en soupirant les yeux sur son miroir. « Non, leur dit-elle, ma beauté n'est plus parfaite depuis que je suis privée de l'eau du puits qui donnait tant d'éclat à mon teint. Voyez, j'ai déjà quelques taches de rousseur que cette eau salutaire faisait disparaître à l'instant. » En vain ses femmes lui jurèrent que ces taches relevaient la blancheur de sa peau; elle n'en voulait pas convenir, et disait qu'elle donnerait tout au monde pour avoir quelques gouttes de l'eau du puits ce même soir.

« Qui vous en empêche ? dit une des femmes; n'êtes-vous pas la maîtresse à présent de faire ôter la pierre qui couvre le puits ? Dans un jour tel que celui-ci, monseigneur trouvera bon tout ce que vous ordonnerez, et ne s'opposera à rien, surtout si c'est pour vous embellir encore. »

Bertha sourit à cette idée. Être plus belle aux yeux d'Huldbrand, et faire un acte d'autorité, furent deux tentatives trop fortes pour y résister. Après avoir un peu hésité, l'ordre de faire ôter la pierre à l'instant même fut donné, et la femme qui en avait eu la pensée courut le faire exécuter. Bertha s'approcha de la fenêtre, et vit entrer dans la cour des ouvriers chargés de leviers, conduits par la complaisante fille d'atours, qui se flattait de devenir par là la favorite de sa maîtresse. Bertha eut un moment d'effroi en les voyant s'avancer vers le puits. « Que dira mon mari ? pensa-t-elle : s'il allait se fâcher de ce que je défais si tôt l'ouvrage de son Ondine? » Mais elle réprima ce mouvement. « Il ne pense plus qu'à moi, se dit-elle; je suis à présent ici la seule souveraine. » Elle jouissait en silence de l'idée que, par un signe de sa volonté, elle obtenait à l'instant ce qu'on lui avait refusé avec tant de fermeté, et de retrouver cette eau si précieuse et si désirée. Elle regardait à la lueur de la lune, qui éclairait en entier la cour du château, les ouvriers qui travaillaient, et leur ordonnait de se dépêcher, dans la crainte que le chevalier, par un reste de respect pour la mémoire d'Ondine, ne vînt encore les arrêter. Les ouvriers se préparaient à faire de grands efforts pour soulever cette énorme pierre; mais ils eurent beaucoup moins de peine qu'ils ne l'avaient cru : il semblait qu'une force étrangère, venant de l'intérieur du puits, leur aidait. Ils entendaient l'eau s'agiter. « On croirait, disaient-ils entre eux, que ce puits est devenu un jet d'eau : ce serait alors un bel ornement dans cette cour. » En effet, la pierre se soulevait toujours davantage; enfin elle se détacha tout-à-fait, et roula lentement et avec un bruit sourd sur le pavé. La femme d'atours de Bertha s'avançait avec un vase pour puiser l'eau que sa dame attendait avec tant d'impatience. On vit en même temps une immense et belle colonne d'eau s'élever solennellement hors du puits. On crut d'abord que c'était un jet d'eau; mais bientôt, au milieu de l'eau, on distingua une figure de femme voilée. On l'entendait pleurer amèrement. Elle leva les mains au ciel, et, descendant du puits, elle prit lentement le chemin du château.

Les domestiques effrayés se dispersèrent de tous côtés; Bertha, glacée de terreur, restait immobile à sa croisée, car elle croyait reconnaître la taille et la démarche d'Ondine; lorsque cette figure passa sous la fenêtre, elle leva la tête et redoubla ses gémissemens. Bertha vit alors, à travers le voile, les traits de son amie, mais elle lui parut d'une pâleur mortelle. La figure passa, et continua sa marche vers la porte du château; ses pas étaient lents et gênés; elle hésitait; elle-même avait l'air d'être frappée d'une terreur plus forte que celle qu'elle inspirait; elle semblait s'avancer à regret. Bertha, sortant de sa stupeur, appela ses gens, leur ordonna d'aller chercher son époux, le sire de Ringstetten, pour la rassurer; mais aucun d'eux n'avait la force de se mouvoir, tant la peur les avait saisis. Elle-même tomba presque sans connaissance sur une chaise.

Cependant l'espèce de fantôme était arrivé à la porte du manoir, l'avait franchie, avait monté le grand escalier, et traversait les longs corridors qu'il paraissait bien connaître, et continuait de sangloter. Hélas! dans quelle situation différente Ondine avait parcouru ces lieux chéris!

Le chevalier avait déjà renvoyé ses serviteurs; à moitié déshabillé, plongé dans de tristes rêveries, il était debout devant une glace; une bougie brûlait faiblement à côté de lui. Il se rappelait son rêve de la nuit précédente, et cherchait à s'en retracer toutes les circonstances, lorsqu'il entendit frapper doucement à sa porte, comme faisait Ondine quand elle voulait le voir ou lui parler. « Ce ne sont que de vaines idées, se dit-il enfin, et ce n'est pas le moment de m'occuper de ma première femme; allons à la couche nuptiale.....

— Tu iras, il le faut, s'écria du dehors de la porte une voix gémissante et bien connue; ta couche t'attend, mon Huldbrand; mais ce n'est pas celle que tu désires : la couche qui t'est destinée, ah ! comme elle est sombre et glacée ! » En même temps il vit dans le miroir la porte de sa chambre s'ouvrir derrière lui, et la femme voilée entrer et la fermer doucement. Elle s'approchait de lui avec lenteur. « Pauvre Huldbrand ! dit-elle tout bas, pourquoi as-tu laissé rouvrir le puits? A présent me voici, et ta dernière heure a sonné. O mon bien-aimé ! il faut que tu meures. » Huldbrand sentit le battement de son cœur s'arrêter, et ne douta pas qu'il n'en fût comme Ondine le disait, et qu'il ne cessât bientôt d'exister; mais, bien loin d'en être fâché, il lui semblait qu'elle lui apportait un bienfait. Il couvrit ses yeux de ses deux mains, et dit : « Chère Ondine, je reçois tout de ta part, et je ne murmure pas; le ciel est juste ! Mais, je t'en prie, ne m'effraie pas à ma dernière heure ! Si tu es déjà frappée par la mort, si ce voile couvre une figure hideuse, ne le soulève pas; tue-moi sans que je voie mon Ondine autrement qu'aux jours de notre bonheur. »

— Elle est toujours la même que dans la presqu'île, lui dit-elle; mes traits n'ont pas plus changé que mon cœur. Huldbrand, ne veux-tu pas me voir encore pour la dernière fois, telle que j'étais quand tu m'aimais, quand tu recherchas ma main ? — Oui, je veux te voir, s'écria-t-il en la pressant dans ses bras; et peut-être il suffira, pour me faire mourir de regret, de voir encore ton sourire et ton regard. Ondine, chère Ondine! si tu as le choix de mon supplice, tue-moi avec un baiser. — De tout mon cœur, mon bien-aimé, » reprit-elle; puis elle leva son voile, et, à la pâleur près, elle montra son charmant visage, plus beau que jamais; il reprit même un douce teinte dans les bras de son Huldbrand. Le chevalier, éperdu d'amour, se pencha vers elle; il reçut un baiser céleste. Elle le serra plus étroitement contre son cœur, en pleurant comme si elle eût voulu le noyer dans ses larmes. Le chevalier les sentit pénétrer dans ses yeux, dans sa poitrine. Sa respiration devint toujours plus faible; enfin ses bras, qui serraient encore Ondine avec ardeur, se détachèrent d'elle. Il échappa de même aux bras qui le pressaient, tomba doucement sans vie sur les carreaux du sopha. Ondine l'embrassa encore avec passion. « A présent, dit-elle, nous ne serons plus séparés, car j'ai retrouvé ton cœur; mon âme est immortelle comme la tienne. » Elle ressortit, tournant sans cesse la tête pour le regarder encore. Elle rencontra des serviteurs dans l'antichambre. « Allez, leur dit-elle, soignez les restes de votre maître et de mon époux; je l'ai tué avec mes larmes. » Elle passa au milieu d'eux, et retourna lentement vers le puits, dans lequel elle s'enfonça et disparut.

CHAPITRE XIX

ET DERNIER.

Les funérailles du Chevalier.

Dès que le bruit de la mort de sire Huldbrand se répandit dans la contrée, le père Heilman revint au château ; il y entrait au même moment où le moine qui avait célébré le mariage des malheureux époux fuyait tout saisi d'horreur. « Je l'avais prévu, dit le pieux Heilman ; malheur à ceux qui endorment leur conscience et rejettent les bons avis ! A présent mon office commence ; je n'ai pu partager la joie de l'épouse, je partagerai la douleur de la veuve. » Il se rendit d'abord dans la chambre de Bertha, et trouva le vieux Ulrich auprès d'elle, qui faisait de vains efforts pour la calmer, et qui fut bien aise de voir entrer le prêtre ; mais Heilman ne réussit pas mieux auprès de cette femme violente, qui ne voulait rien entendre, et ne cessait de se répandre en invectives contre Ondine, qu'elle appelait une sorcière, une magicienne, un esprit malfaisant, et la meurtrière de son mari. Le vieux Ulrich, quoique profondément affligé du triste sort de sa fille et de son gendre, s'y résignait et regardait tout ce qui s'était passé comme une justice divine. « C'est, disait-il à sa fille, la punition de ton ingratitude d'avoir nourri avec complaisance un amour coupable pour l'époux de l'amie généreuse qui te traitait comme une sœur, et de l'inconstance du chevalier, qui n'a pas su sentir le prix du trésor qu'il possédait dans la sensible Ondine. Hélas ! je suis bien sûr que la mort d'Huldbrand n'a affligé personne autant que celle qui devait la lui donner, et que tu y as forcée en faisant ouvrir le puits qu'elle avait fermé. Pauvre, délaissée, et malheureuse Ondine ! elle a souffert plus que toi sans le mériter ; car mieux vaut perdre ce que l'on aime par la mort que par l'abandon. » Bertha n'avait rien à répondre, mais n'en était pas plus consolée. Les deux vieillards la laissèrent, et s'occupèrent des funérailles du défunt, telles que son rang l'exigeait. Il devait être enterré dans le cimetière de la paroisse éloignée où reposaient déjà tous ses ancêtres, et dont la famille avait richement doté l'église.

Son épée, son écu et son cimier furent placés dans le cercueil : étant le dernier de sa race, ils devaient être enterrés avec lui.

Le cortége se mit en marche, faisant retentir la voûte des cieux de cantiques funèbres. Le père Heilman marchait le premier, portant un grand crucifix; Bertha, en longs habits de deuil, et désespérée, suivait, appuyée sur le vieux Ulrich; puis les serviteurs et les pleureuses, tous vêtus de noir, fermaient la marche. On aperçut tout-à-coup, au milieu de ces dernières, une figure blanche comme la neige, enveloppée d'un voile épais qui cachait en entier ses traits, mais ne dérobait pas les sanglots déchirans et les signes du désespoir le plus profond; elle se tordait les mains, frappait sa poitrine. Les femmes qui étaient le plus près d'elle s'en effrayèrent, et se retirèrent de côté et en arrière; leur frayeur se communiqua aux autres, de manière qu'il y eut de la confusion dans la procession. Quelques-uns des gens d'armes du défunt chevalier eurent la hardiesse d'approcher de la femme blanche, et de lui adresser la parole : ils voulurent même la faire sortir des rangs; mais elle s'échappait de leurs mains comme s'ils n'eussent rien tenu, sans qu'on sût comment, et on la revoyait, un instant après, à une autre place, au milieu du cortége, qu'elle suivait alors en silence, la tête baissée, et d'un pas grave et solennel.

Comme toutes les femmes la fuyaient, elle se trouva enfin seule derrière Bertha, et tout près d'elle. Alors elle ralentit sa marche afin que la veuve ne la vît pas; mais elle saisit doucement le manteau de deuil du vieux pêcheur, et le pressa sur ses lèvres à travers son voile; puis elle suivit toujours le cercueil, de l'air le plus désolé, jusqu'au champ du repos, où tous les assistans se rangèrent en cercle autour de la tombe. Alors Bertha vit cette femme, qui n'était point invitée à la cérémonie, et, moitié courroucée, moitié effrayée, elle lui ordonna, au nom d'Huldbrand, de s'éloigner de sa dernière demeure; mais la femme voilée secoua la tête en signe de refus, et tendit les mains à Bertha avec un geste suppliant. « C'est au nom d'Huldbrand que je demande à rester près de sa tombe, » dit-elle, d'une voix basse et si touchante que tous les habitans furent émus et convaincus que c'était Ondine. Ulrich ne put se défendre de prononcer son nom en ouvrant les bras, quoiqu'un saint respect pour l'auguste cérémonie l'empêchât d'avancer. Mais la femme voilée saisit sa main ridée, la pressa dans les siennes, et la laissa retomber avec un profond gémissement qui pénétra dans le cœur de Bertha. Elle reconnaissait l'accent douloureux qu'elle avait entendu lorsqu'Ondine disparut dans le Danube. Au même moment le père Heilman imposa silence afin de prier sur le tombeau du chevalier, déjà recouvert de terre. Bertha se tut et tomba à genoux; tous firent de même; mais la femme blanche s'étendit sur la terre humide qu'elle arrosait de ses larmes. Lorsqu'on se releva, elle avait disparu, et, à l'endroit où elle s'était couchée, une petite source argentée sortait de terre en bouillonnant doucement, et coulait le long du gazon, jusqu'à ce qu'elle eut atteint la tombe du chevalier. Alors elle se sépara en deux filets d'eau formant deux petits ruisseaux qui entourèrent la tombe; puis, se réunissant, ils allèrent se jeter dans un lac à côté du cimetière.

Bien des siècles après, les habitans de ce village montraient encore cette source aux voyageurs, convaincus que c'était la pauvre Ondine qui entourait encore son bien-aimé. Ils racontaient son histoire, et c'est ainsi qu'elle s'est conservée jusqu'à nous.

Ulrich retourna dans sa presqu'île où reposait sa chère Marthe, accompagné de la triste Bertha, qui se consacra à le soigner jusqu'à sa mort, et fit ensuite ses vœux dans un couvent.

FIN.

TABLE DES CHAPITRES.

Chapitre Ier.—Arrivée du Chevalier chez le pêcheur.... 1
Chap. II.—Comment Ondine était arrivée chez le pêcheur.... 13
Chap. III.—Comment Ondine fut retrouvée.... 24
Chap. IV.— Ce qui était arrivé au Chevalier dans la forêt.... 32
Chap. V.— Comment le Chevalier passait son temps dans la presqu'île.... 44
Chap. VI.—Un mariage.... 53
Chap. VII. — Ce qui se passa le soir des noces.... 64
Chap. VIII. — Le lendemain des noces.. 71
Chap. IX.—Comment le Chevalier emmena chez lui sa jeune épouse.... 83
Chap. X.— Comment le Chevalier et sa femme vécurent dans la ville impériale. 93
Chap. XI.—La fête de Bertha.... 102
Chap. XII.—Comment ils partirent de la ville impériale.... 116
Chap. XIII.—Comment ils vivaient au château de Ringstetten.... 129
Chap. XIV.—La vallée noire.... 144
Chap. XV. — Voyage sur le Danube.. 158

CHAP. XVI.—Regrets d'un mari qui perd sa femme.. 171
CHAP. XVII.— Le Chevalier rêve aussi. . 180
CHAP. XVIII. — Les secondes noces du Chevalier. 187
CHAP. XIX ET DERNIER. — Les funérailles du Chevalier. 197

FIN DE LA TABLE.

OEUVRES DE Mme DE MONTOLIEU.
Ouvrages parus.

Robinson suisse; 5 vol. in-12, fig. et carte, 15 f.
Saint-Clair-des-Iles; 3 vol. in-12, fig., 9 f.
Tableaux de famille; 1 vol. in-12, figure, 3 fr.
La Princesse de Wolfenbuttel; 1 vol. fig., 3 fr.
Caroline de Lichtfield; 2 vol. in-12, fig., 6 fr.
Corisande de Beauvilliers; 1 vol. figure, 3 fr.
Un an et un jour; 2 vol., figures, 6 fr.
Ludovico; 1 vol. in-12, figure, 3 fr.
Famille Elliot; 2 vol. in-12, figures, 6 fr.
Ondine, conte, 1 vol., fig., 3 fr.
Nouveaux Tableaux de famille; 3 vol., fig., 9 f.
Olivier, trad. de l'allem.; 1 vol. in-12, fig., 3 fr.
Dudley et Claudy; 5 vol. in-12, fig., 15 fr.
Châteaux suisses; 3 vol. in-12, fig., 9 fr.
Tante et Nièce; 3 vol. in-12, figures, 9 fr.
Siège de Vienne; 3 vol. in-12, figures, 9 fr.
Agathoclès; 3 vol. in-12, figures, 9 fr.
Raison et Sensibilité; 3 vol. in-12, fig., 9 fr.
La Fille du Marguillier, suivie de *Charles et Hélène*; 1 vol. in-12, fig. (Nouv., t. Ier), 3 fr.
Lilly, suivi de *Nathilde* et de *Frères et Sœur*; 1 vol. in-12, fig. (Nouvelles, t. II), 3 fr.
La Ferme aux Abeilles, ou *des Lis*, 1 vol. in-12, fig. (Nouvelles, t. III), 3 fr.
La Jeune Aveugle, suivie de *la Poupée bienfaisante*, 1 vol. in-12, fig. (Nouv., t. IV), 3 fr.
Le Chalet des Hautes-Alpes, suivi de *Deux feuillets du journal de mon ami Gustave*, et de *Amour et Silence*; fig. (Nouv., t. V), 3 fr.
Cécile de Rodeck, ou *les Regrets*, suivie d'*Alice, ou la Sylphide*, 1 vol., fig. (Nouv., t. VI), 3 fr.
Histoire du comte Rodrigo de W..., suivie du *Jeune Fruitier du lac de Joux*, et des *Aveux d'un Misogyne*, 1 vol., fig. (Nouv., t. VII), 3 fr.
Sophie d'Alwin, suivie de *la Découverte des eaux de Wasserimbourg*, fig. (Nouv., t. VIII), 3 fr.

www.ingramcontent.com/pod-product-compliance
Lightning Source LLC
Chambersburg PA
CBHW071859160426
43198CB00011B/1166